本书由湖北经济学院学术专著出版基金资助

移动金融支付
风险模型及评价机制

宋　莺　孙宝林　著

中国金融出版社

责任编辑：石　坚
责任校对：李俊英
责任印制：丁淮宾

图书在版编目（CIP）数据

移动金融支付风险模型及评价机制／宋莺，孙宝林著．—北京：中国金融
出版社，2020.9
ISBN 978 - 7 - 5220 - 0709 - 0

Ⅰ.①移…　Ⅱ.①宋…　②孙…　Ⅲ.①移动通信—通信技术—应用—支付
方式—风险管理—研究　Ⅳ.①F830.4 -39

中国版本图书馆 CIP 数据核字（2020）第 126541 号

移动金融支付风险模型及评价机制
YIDONG JINRONG ZHIFU FENGXIAN MOXING JI PINGJIA JIZHI
出版
发行　中国金融出版社
社址　北京市丰台区益泽路 2 号
市场开发部　（010)66024766，63805472，63439533（传真）
网 上 书 店　http：//www. chinafph. com
　　　　　　（010)66024766，63372837（传真）
读者服务部　（010)66070833，62568380
邮编　100071
经销　新华书店
印刷　保利达印务有限公司
尺寸　169 毫米×239 毫米
印张　15
字数　220 千
版次　2020 年 9 月第 1 版
印次　2020 年 9 月第 1 次印刷
定价　58.00 元
ISBN 978 - 7 - 5220 - 0709 - 0
如出现印装错误本社负责调换　联系电话(010)63263947

前　言

　　移动金融支付也称手机支付（Mobile Payment）或移动支付，是伴随移动通信技术与互联网技术的发展，由金融创新服务带来的产物，是银行金融机构与移动通信运营商之间通过第三方的金融支付软件进行跨技术、跨平台、跨行业的合作，整合金融货币信息化与移动通信技术的创新服务，借助互联网平台、移动通信技术平台，以移动智能手机（或其他移动终端设备、移动 iPad 等）作为移动终端办理相关银行业务的金融服务模式。移动金融支付是网络银行、手机银行的延伸，具备了网络银行的主要功能。移动金融支付提供了一种便捷、方便、高效的金融服务方式，为移动金融支付用户提供传统和创新的金融服务。移动金融支付也是互联网金融的一个重要组成部分。本书是在 2014 年立项的国家社会科学基金项目"多维信任的手机银行金融风险评价与风险规避决策研究"（项目编号：14BJY171）的研究基础上，经过整理与完善而形成的，其研究工作主要体现在以下几个方面。

　　（1）移动金融支付服务是建立在移动通信技术、互联网技术层面上的，其中移动通信运营商提供的移动无线通信技术服务质量是制约移动金融支付发展的关键要素和主要动力。本书首先对移动无线通信技术的数据传输质量、移动节点的寿命、移动数据吞吐量等相关技术质量问题进行了研究，建立了一种移动无线网络移动节点（手机）的能源消耗模型，提出了一种能源消耗模型的遗传优化算法；根据能源信息熵的定义，建立了一种移动节点能源信息熵的多路径传输机制以及移动信息熵的移动簇首节点选择算法。针对移动无线网络环境下大数据处理的技术问题，分析和研究了移动金融支付的大数据环境下的海量数据处理技术，促进了移动金融支付服务器对海量数据的处理。

（2）针对银行业系统风险，对湖北地区五大国有银行的市场资产数据收益率进行了理论总结和实证分析研究，有效地评价了湖北地区五大国有银行的系统性风险状况。对移动金融支付中的风险问题及风险防范的对策问题进行了分析研究，构造了移动金融支付的系统构架、移动金融支付的信息安全技术和移动金融支付风险的防范机制等。

（3）针对移动金融支付多维信任的维数及相互关系问题，本书将研究重点放在移动金融支付的多维信任机制上，着重研究了移动金融支付多维信任的维数、信任因素之间的相互关系，并形成由诸多命题构成的、移动金融支付环境下的、适于我国移动金融支付特征的多维信任评价理论。

（4）针对多维信任的移动金融支付风险评价的指标与评价模型问题，本书通过理论分析研究与实证研究相结合的研究方法，设计了一种多维信任的移动金融支付风险评价创新的指标体系及数学模型，宏观上指导银行更加有效地实施移动金融支付环境下的金融支付创新。

（5）本书建立了一种多维信任的移动金融支付风险评价方法、一种多维信任的移动金融支付风险规避决策。在此基础上，建立了一个多维信任的移动金融支付风险评价信任等级数据库，运用慢开始机制增加移动金融支付用户的信任等级，通过风险规避决策机制降低移动金融支付用户的信任等级，从而控制移动金融支付用户金融支付风险的产生。

（6）本书论述了金融科技促进移动金融支付的手段和技术的改革；金融科技促进移动金融支付向功能与结构方向发展；金融科技促进移动金融支付向全天候、跨地域的方向发展。金融科技扩展了移动金融支付的服务范围与服务能力，扩大了金融服务覆盖面，打破了现有金融的边界，打通了金融服务"最后一公里"。

（7）本书介绍了区块链技术在移动金融支付领域的实践与探索，论述了在监管科技形成的智能监管生态中，"区块链＋移动金融支付"的新型金融监管范式在未来监管领域拥有广阔的蓝海。

本书的出版得到了国家社会科学基金项目（项目编号：14BJY171）、国家自然科学基金项目（项目编号：61572012）、湖北省自然科学基金计划项目（项目编号：2018CFB661、2017CFB677）及湖北经济学院学术专著出版基金的资助。在本书的撰写和出版过程中还得到中国金融出版社编辑们的支持和帮助，在此一并表示衷心的感谢。

本书是作者及其团队成员近几年研究成果的总结，难免存在疏漏或缺陷，欢迎专家和读者给予指正。

目　　录

第1章　移动金融支付业务概述

第6章 移动金融支付风险指标体系

第10章　区块链在移动金融支付领域的实践与探索

第11章 政策建议

第12章 总结与展望

第 1 章
移动金融支付业务概述

移动金融支付也称手机支付（Mobile Payment）或移动支付，是伴随移动通信技术与互联网技术的发展，由金融创新服务带来的产物，是银行金融机构与移动通信运营商之间通过第三方的金融支付软件进行跨技术、跨平台、跨行业的合作，整合金融货币信息化与移动通信技术的创新服务，借助互联网平台、移动通信技术平台，以移动智能手机（或其他移动终端设备、移动 iPad 等）作为移动终端办理相关银行业务的金融服务模式。移动金融支付是网络银行、手机银行的延伸，具备了网络银行的主要功能，并且扩充了位置服务的功能；移动金融支付提供一种便捷、高效的金融服务方式，为移动金融支付用户提供传统和创新的金融服务。移动金融支付也是互联网金融的一个重要的组成部分。

移动金融支付主要分为近场支付和远程支付两种。所谓近场支付，就是用手机刷卡的方式坐车、买东西等，很便利。远程支付是指通过发送支付指令（如网银、手机银行等）或借助支付工具（如通过邮寄、汇款）进行支付的方式，如掌中付推出的掌中电商、掌中充值、掌中视频等属于远程支付。目前，支付标准不统一给相关的推广工作造成很多困惑。

1.1 移动金融支付的定义

随着移动通信技术与互联网技术的快速发展和广泛应用，人们对于移动通信技术与互联网技术的应用能力也在快速增长，手机及其他移动终端的各种应用功能日趋完善和强大，为移动金融支付的应用和发展提供了强大的技术和物质基础，同时人们对于金融支付业务也提出了更快捷、更方便、更安全等更高的应用要求，这些发展促进了移动金融支付业务的快速崛起。

关于移动金融支付目前还没有统一的定义，不同的金融机构对其有不同的定义。中国建设银行对移动金融支付的定义：移动金融支付是移动通信运营商和银行联合推出的新一代电子银行服务方式。当手机号与银行账户绑定时，手机就会成为跨越时间和空间限制的银行柜台，方便用户随时随地办理各种金融支付业务。原银监会对移动金融支付的定义是，将移动通信技术与银行金融业务相融合而进行的金融支付业务。虽然简明地指出了移动金融支付的实现方式和服务对象，但是在移动金融支付业务的未来发展趋势上，其定位依然不够清晰。

虽然对移动金融支付没有准确的定义，但其仍然得到迅猛的发展。综上所述，对移动金融支付的定义可概述为：移动金融支付也称移动银行（Mobile Bank），是伴随移动通信技术与互联网技术的发展而发展起来的，是金融创新服务带来的产物，是银行金融机构与移动通信运营商之间通过第三方的金融支付软件进行跨平台、跨行业的合作，整合金融货币信息化与移动通信技术的创新服务，借助互联网平台、移动通信技术平台，以移动智能手机（或其他移动终端设备、移动节点、移动 iPad 等）作为移动终端办理相关银行业务的金融服务模式。移动金融支付是网络银行、电话银行的延伸，具备了网络银行的主要功能，还扩充了位置服务的功能，移动金融支付能提供一种便捷、高效的方式为银行用户提供传统和创新的服务。移动金融支付具有的典型特点：一是延长了银行的服务时间，实现了24 小时的全天候服务；二是增加了银行的经营业务网点，拓展了银行的经营业务范围；三是节省了银行用户在网络银行、电话银行、ATM 和银行窗口排队等候的时间。移动金融支付也是互联网金融的重要组成部分。

移动金融支付又被称为"3A 银行"，即它不受时间、空间和服务方式等因素限制，能够在任何时间（Anytime）、任何地点（Anywhere）、以任何方式（Anyhow）为移动金融支付用户提供各种金融支付服务。使用这种服务的银行用户可以利用手机办理多种金融业务，突破时空限制，只需使用手机，依照屏幕提示信息，即可享受移动金融支付提供的各种服务。目前，移动金融支付业务大致可分为三种类型：一是账户查询、个人转账、各种缴费等支付业务；二是通过移动金融支付平台购物、消费等支付业务；三是信用卡、个人理财服务、证券交易、银证转账、个人实盘外汇买卖等支付业务。

1998 年 5 月 1 日，捷克斯洛伐克的 Expandia 银行与移动通信运营商

Radio Mobile 公司在布拉格地区联合推出了世界上最早的移动金融支付服务。1999 年，美国花旗银行与移动通信运营商推出了移动金融支付的金融服务，实现了金融服务互动式的发展，客户可以用手机了解账户和支付等相关金融信息，而且还可以通过手机短信向银行发送支付指令，实现银行金融业务的自助化办理。

与世界移动金融支付的发展进程相比，我国移动金融支付的起步较晚，而且引入和发展也是一波三折。移动金融支付在 1999 年引入国内，由于本身的发展而受到限制，到 2003 年又退出市场。2000 年 5 月 17 日，中国银行与中国移动通信公司联合推出了基于 STK 技术（Sim Tool Kit，用户识别应用发展工具包技术）的移动金融支付服务。2004 年，各大商业银行在 WAP（Wireless Application Protocol，无线应用协议）技术的普及下推出了 WAP 版移动金融支付，但其发展仍然是不温不火，直到经历了第 2 代移动通信网络（2G）、第 3 代移动通信网络（3G）、第 4 代移动通信网络（4G）的快速发展，以及智能手机的普及，移动金融支付才得到空前的快速发展。紧跟其后，工商银行、招商银行、光大银行、广东发展银行等一些商业银行也先后开展了基于 WAP 技术的移动金融支付服务。作为移动通信运营商的新兴移动通信增值业务，移动金融支付在经历了 2G、3G、4G 时代的快速发展后，移动通信用户始终对移动金融支付业务的使用率不高，而移动通信用户的信任度是移动金融支付业务发展的直接驱动因素，需要充分地提升移动通信用户对移动金融支付的信任度。

1.2 移动金融支付的产生及特点

1.2.1 移动金融支付的产生

随着移动互联网产业的迅速发展，特别是 3G、4G 通信技术的广泛应用，智能手机的快速普及，移动金融也呈快速发展态势。为了适应各种商务活动中及时性、无地域限制性以及稳定性等要求，一种崭新的移动金融支付模式应运而生。

（1）移动金融支付是伴随移动通信费用的收缴而诞生的。以前，手机电话如果采用付费模式，则会由于营业厅数量少而引起催缴欠费困难。而现在采用充值卡服务模式（先预存话费，然后再使用），较好地缓解了营业厅的压力，同时也加快了资金周转速度，细化了市场的分工，但缴费的成本居高不下。

（2）手机应用的叠加和功能的多元化，对移动金融支付提出了更高的要求。一是手机内安装了各种支付结算工具，如微信支付、支付宝、翼支付等；二是移动金融支付从话费缴纳方式向多应用叠加和多功能加载方向转变；三是手机作为个人通信终端，已发展为个人重要的信息交换与金融支付业务的载体，因此移动金融支付已逐渐显现雏形。

1.2.2 移动金融支付的特点

1.2.2.1 移动金融支付的优点

（1）快速、方便易行、支付灵活便捷。移动金融支付是网上银行的精简版本，功能更加强大。能够随时随地携带，并且便于小额支付，因此移动金融支付比网上银行更为快速、便利。手机用户只要申请了移动金融支付功能，便可足不出户完成整个支付与结算过程，可以减少往返银行的交通时间和支付处理时间，交易时间成本低。

（2）便宜。银行或金融机构提供了移动金融支付功能后，银行或金融机构就可以减少物理网点的建设。且手机由客户购买，交易信息化，单位交易成本极低，因此，银行或金融机构就有了基础给客户提供实实在在的优惠条件，给客户的感觉就是移动金融支付便宜、省钱。

（3）金融支付多样性。移动金融支付的出现，不但令人们在任何时间、任何地点都可以办理多种金融业务，并且丰富了银行服务的层次，为银行创造出更多收益。移动金融支付相关产品内容丰富，如微信支付、支付宝、翼支付、保险、理财等各种金融支付，客户可以获得更加广泛的移动金融服务，满足客户的各种需要。

（4）有利于调整价值链，优化产业资源布局。移动金融支付不仅可以为移动通信运营商带来移动增值收益，也可以为银行或金融机构带来中间业务收入。

（5）兼容性好。由于3G、4G移动通信技术的兼容性好，且我国移动通信运营商数量少，较好地满足了移动金融支付的需求。

1.2.2.2　移动金融支付的缺点

（1）应用功能有待进一步丰富。一是内容不够丰富，尤其是图形化、场景化的功能；二是由于手机屏幕大小的制约，展示内容受到限制；三是用户体验不够好，如移动金融支付软件的界面设计风格、业务流程、客户服务等功能和操作都有待进一步加强。

（2）相对于传统的银行支付业务，移动金融支付产业链更长，参与主体的机制更多，各方主体的关系更复杂。目前，国内移动金融支付产业尚处于多种技术支撑和金融模式并行的发展状态。移动金融支付已经成为银行卡与现金的有益补充，但无法完全替代。主要的移动金融支付方式建立在手机号与银行账户捆绑的基础上，而且是一个银行账户只能捆绑一个手机号，而移动金融支付的主体依然是银行。

（3）存在一定的安全问题。移动金融支付无法实现密钥设备和支付设备分离的安全控制手段。因此，基本上是谁持有手机，谁知道密码，谁就拥有了访问移动金融支付账号的控制权。一旦手机丢失，密码被破解或中了木马病毒等，丢失了身份证、姓名、银行卡号、手机号等，客户将面临很大的安全隐患。

（4）国内移动金融支付业务存在其他一些问题。银行账号主体的合法地位、担心安全问题、缺乏成熟的金融服务模式、金融支付技术缺乏统一标准、受理环境有待改善、终端的适配性差等。

1.3 移动金融支付的业务种类

移动金融支付几乎包括了传统银行的所有个人业务种类，虽然各家银行的移动金融支付在业务种类上有差别，但是也形成了自己独特的业务创新。一般的移动金融支付客户端金融软件的各种功能都是全而多，如登录、查询服务、转账、缴费支付、理财产品、证券、债券、期货、信用卡、个人贷款、证券、债券、基金等功能一应俱全。此外，很多银行还与腾讯公司合作开通了微信银行服务功能，除了提供包括账户查询、业务咨询等基本服务外，还可以结合微信的特点推出一些特色金融服务，如"摇一摇"付款、二维码支付等。表1-1列举了移动金融支付的一些功能模块。

表1-1 移动金融支付的一些功能模块

模块名称	主要功能	子模块
注册、登录	自助注册移动金融支付、登录移动金融支付和注销移动金融支付等功能	注册、登录、开通向导、注销服务等功能
查询服务	查询用户账户、查询明细、查询余额、追加账户、账户挂失、日志及限额等功能	账户明细、交易明细、缴费明细、账户余额、日志查询、限额查询等功能
转账汇款	同行转账、跨行转账、行内定向转账、转账结果查询等功能	同行同城、同行异地、跨行同城、跨行异地等功能
信用卡	账户信息、账单查询、还款账户设置、还款功能	账户信息、已出账单、未出账单、人民币还款、购汇还款、还款账户设置等功能
缴费业务	用户进行日常缴费、订单支付及支付账户设置等功能	自助缴费、订单支付、常用缴费、支付账号、设置支付账号等功能
投资理财	基金买卖查询、理财产品买卖、第三方存管等功能	成交查询、基金购买、基金赎回、基金撤单、证券转银行、银行转证券等功能
个人设定	首选账户、账户别名设置、增删账户、显示菜单等功能	首选账户、账户别名、增加账户、删除账户、显示设置、菜单定制，修改登录信息等功能

移动金融支付的发展过程经历了三个阶段。第一阶段，实体银行业务阶段。这时的银行金融业务主要是面对面进行的，金融业务处理以人工办理为主。第二阶段，电子银行、手机短信银行阶段。其经营实体仍然存在，但银行信息化应用程度大大提高，主要表现在银行业务辅以电话银行、无人自助银行（自动柜员机、自动存款机、自动发卡机、夜间金库）等形式。第三阶段，移动金融支付客户端阶段。这是银行金融业务发展的较高阶段。在这个阶段中，银行金融业务的实体将逐渐消失，金融业务支付主要是通过互联网、移动通信技术的运行来实现，客户利用智能手机（如移动智能手机、移动节点、移动 iPad 等）下载移动金融支付客户端软件，从而实现更系统、更安全、更个性的银行金融支付业务办理。

1.4 移动金融支付使用行为的相关理论

1.4.1 移动金融支付的内涵

移动金融支付在某种程度上实现了移动金融支付业务的点对点的金融支付，使移动金融支付业务实现了移动操作、移动金融支付等各种银行功能。移动金融支付作为本书研究的一个主体对象，为了明确移动金融支付这一概念，提出以下三个方面的概念界定和区分。

（1）因为移动金融支付又称移动银行（Mobile Bank），所以移动金融支付的实现必须要依靠移动通信网络、互联网技术以及各种移动终端设备（如移动智能手机、移动节点、移动 iPad 等）。移动金融支付主要是借助智能手机这一移动通信设备的特性，区别于网上银行、电子银行等其他金融服务，而移动金融支付的普及也是得益于 3G、4G 移动通信网络技术和智能手机的普及化。

（2）移动金融支付是建立在传统银行基础上的，即移动金融支付是将传统银行的金融支付业务进行数字化、电子化和移动化。这一特性强调了移动金融支付必须由各家银行通过智能手机进行银行金融支付业务服务，这也是移动金融支付区别于移动金融、互联网金融以及其他类型的金融的最大特性。

（3）移动金融支付具有移动金融支付的功能，但也存在区别于移动金融支付的功能范围。移动金融支付是指金融交易双方使用智能手机进行数字化货币的转账、缴费、查询等。

1.4.2　移动金融支付使用行为相关理论分析

移动金融支付是基于移动通信技术、银行机构的创新移动金融支付服务，由于国内外移动金融支付的研究还处于初期阶段，移动金融支付使用行为理论还没有形成较为完备的理论体系，需要有成熟的理论模型对移动金融支付的使用行为进行预测和解释（方悦，2016）。目前，主要是借助于其他学科领域较为成熟的理论模型进行研究，对于移动金融支付使用意向的研究由客户关系管理理论模型、理论多元化和宏观视角向微观视角转变。

（1）客户关系管理理论模型。客户关系管理理论模型是一种以客户关系为核心的管理理论（李瑛琦，2012）。移动金融支付的产生与客户关系管理理论密切相关，客户关系管理理论模型中的主要内容都可以通过移动金融支付实现，移动金融支付较好地实现了银行对移动金融支付用户的一对一服务、一对一管理，还可以提供个性化的私人定制服务，服务质量、效率大大提升，能够更有效地为移动金融支付用户创造价值，从而达到提高移动金融支付用户满意度、维护良好的移动金融支付用户关系的目的，有利于积累更多的优质移动金融支付用户。

（2）以技术接受模型为理论基础的理论多元化，即整合多个模型进行使用意向研究。技术接受模型仍然是移动金融支付使用意向研究的核心理论，但是随着研究的深入，学者们主要是整合多个理论模型进行研究，其研究的结论也更具有理论性、系统性和操作性（微众银行，银行用户体验联合实验室，2018）。

（3）宏观视角向微观视角的转变。移动金融支付使用意向的另一个研究趋势就是关注整个市场的接受程度转变,更多地关注手机用户对于移动金融支付的使用态度(桂心驰,2016)。随着研究的深入,学者们结合心理学和情境中对使用行为的因素变量特征进行了研究与开发,更多的研究是利用实证的研究方法验证各个变量对于手机用户采纳移动金融支付行为的影响,从而指导移动金融支付进行合理有效的相关领域的开发和推广工作。

1.5 移动通信技术对移动金融支付的技术支撑作用

近几年,我国的移动通信技术(Mobile Communication Technology)取得了快速而稳定的发展,主要体现在3G、4G移动通信标准的建立和发展,以及2019年6月6日工业和信息化部发放的5G移动通信牌照,特别是近几年4G移动通信技术业务平台的广泛应用,较好地深入人们的日常生活中。有关统计数据表明,截至目前,4G移动通信技术已经占据了90%以上的移动通信技术用户市场,并且还保持持续上升的态势,尤其在金融市场的运用更加频繁化、多样化,表明4G移动通信技术对移动金融支付的发展作出了巨大的贡献。

4G网络存在的缺点:(1)由于4G网络主要是传输数据分组,不具备语音通道,在接打电话的时候需要"回落"到具有语音通道的3G网络(中国联通)或者2G网络(中国移动、中国电信)上,这样在接打电话与数据传输过程中就需要对网络进行切换,容易造成数据传输过程中掉线的现象,数据分组丢失发生。(2)由于4G网络中移动节点的移动速度加快,其能源消耗率、数据丢失率也在提升,需要更加可靠、更大数据的吞吐量、更加安全的数据传输算法来提供技术支撑。

4G网络没有语音通道技术,只有数据(流量)通道技术,这就需要把语音"打包"成数据分组,走流量通道就可以了。从而将语音转换成数据分组,实现语音和数据分组在同一个通道上传输,无须切换到语音通道网络（2G），语音和数据分组复用到同一个通道中，这样就不会发生数据分组丢失的情况了。

自 2018 年以来，三大移动通信运营商在移动无线网络、5G 网络建设方面的动作明显加大：一是中国联通公布了三年内将 2G 网络退网的战略决定，实现语音和数据分组在同一个通道上传输（Voice over LTE，VoLTE）；二是数月之后，中国电信、中国移动开始进行商用 VoLTE 技术的测试；三是三大移动通信运营商同时加快了 5G 移动通信网络的建设力度，促进 5G 移动通信技术应用的到来。

未来移动通信技术的发展，必将朝着无线接入宽带化、信息个人化、核心网络综合化、接入网络多样化以及接入网络智能化等方向推进，并快速向 5G 移动通信技术方向发展。

1.6 安全性是移动金融支付客户端的核心要素

通过对移动金融支付的研究发现，安全性是移动金融支付用户使用的核心要素，超过 60% 的用户之所以不使用移动金融支付正是因为系统存在大量的安全隐患。在目前的 4G 移动通信技术中，许多用户认为手机移动金融支付系统的安全保障措施参差不齐，用户对移动金融支付的安全性认识也存在差异。如在一些手机系统中，已经越狱的手机系统、手机软件没有建立有效的保护机制与安全性，从而需要在已经越狱的手机系统中安装必要的手机安全防护软件，以保证系统、数据、账户信息及个人信息的安全。

移动金融支付的使用主要是依赖第三方移动通信运营商，其数据信息的传输、质量、安全性完全依赖于移动通信运营商的公共系统，数据信息在无线传输过程中容易遭到黑客、不良分子的盗取、攻击和破坏。银行机构如何与移动通信运营商共同建立完备、安全、可靠的移动金融支付系统，是银行机构的重要任务。2012 年 12 月，人民银行正式发布了"中国金融移动支付系列技术标准"，该技术标准涵盖了应用基础、安全保障、设备、支付应用、联网通用五大类 35 项标准。"中国金融移动支付系列技术标准"等相关政策的出台，增强了我国移动金融支付安全管理水平和技术风险防范能力与技术应用能力，使移动金融支付生态系统逐步走向标准化、规范化。

移动金融支付是网上银行的扩展版，更是融合了金融服务、生活、娱乐服务等多功能的一站式移动端门户。在 3G、4G 移动通信技术中，移动金融支付用户呈爆发式增长，移动金融支付的创新和服务质量不断提升，优化用户体验质量，积极抢占市场份额。

1.7 移动金融支付风险的研究现状

用户对移动金融支付不信任感的主要来源：（1）对移动金融支付账户信息、交易密码等个人信息的保密性存在担忧；（2）对移动金融支付账户信息的安全性、完整性存在担忧；（3）对移动金融支付过程中依赖的移动通信技术、互联网环境等存在担忧；（4）金融机构对移动金融支付使用环境、安全性等宣传不够，导致移动金融支付用户对移动金融支付使用环境的认识不足、初始体验不足等。

在 COSO 委员会发布的《企业风险管理整合框架》中定义了风险管理框架的八大要素：风险的识别、评估、应对、控制、监控及内部环境、目标设定、信息与沟通。从商业银行的角度看，移动互联网的发展与移动金融支付方式的普及，一方面给金融机构拓展了新的业务渠道，更好地提升了服务质量；另一方面，也为现代社会多样化的金融支付相关产品的出现与发展提供了强大的技术支撑。但是，随着移动金融支付渠道的不断扩展和延伸，以及金融支付产品的不断涌现，移动金融支付风险产生的概率也不断增加。因此，研究移动金融支付风险控制成为必要，尤其是移动金融支付业务仍处于起步阶段，对移动金融支付风险控制的研究具有重大的理论意义和现实意义。

在金融业务发展的过程中，银行业会面临各种各样的金融风险问题，移动金融支付是金融创新的产物，与传统的银行机制一样，在移动金融支付过程中，也同样存在着诸多方面的金融风险问题，在这个基础上，巴塞尔银行监管委员会发布的《电子银行和电子货币业务的风险管理》认为："技术风险、信任风险和法律风险是大多数电子银行和电子货币业务最重要的风险。"第一，需要确保移动金融支付软硬件系统的技术安全性，确保移动金融支付操作过程中一切信息的保密性、及时性、完整性、不可伪造性及不可抵赖性等；建立重大灾难的技术应急处理机制，确保移动金融支付用户与金融机构间的信息安全性需求，避免重大损失的产生等。第二，移动金融支付的信任风险也受到巨大的挑战，不同移动金融支付系统之间关联程度在逐步提升，某一个移动金融支付系统出现问题就有可能影响其他移动金融支付系统，甚至影响整个移动金融支付系统，使移动金融支付的声誉受到负面影响。第三，随着移动金融支付软件的不断完善和操作过程的规范化，信任风险的管理机制在提升，相关的法律法规也在不断出台，对移动金融支付业务相关方面不断规范化。若移动金融支付的相关法律法规滞后，就会导致移动金融支付业务纠纷，影响移动金融支付用户对移动金融支付业务的信任程度，也会使移动金融支付业的发展受到影响。

移动金融支付是随着移动通信技术进入 3G、4G 移动网络时代应运而生的，因其快捷、方便、低成本、全天候服务的特性备受广大移动用户（手机用户）的青睐。它在丰富金融支付渠道、降低金融支付成本的同时，较好地弥补了金融机构营业网点、营业时间不足的弱势。3G、4G 移动通信技术的蓬勃发展拓展了移动金融支付的使用空间、使用地域，较好地实现了任何地点、任何时候、任何空间的金融机构之间、手机用户之间、手机用户与金融机构之间的互联互通，融合了庞大的金融信息化、社会信息化系统的兴起，为移动金融支付的创新使用创造了巨大的机遇。

在移动金融支付业务得到迅速发展的同时，移动金融支付的金融风险问题、信任机制、金融数据的安全问题也成为制约移动金融支付普遍应用的关键性问题。移动金融支付的移动通信技术、数据处理技术、安全技术、金融风险防范意识等都是移动金融支付风险的主要成因，也制约着移动金融支付的发展。移动金融支付除了传统银行所具有的市场风险、信用风险、流动性风险、外汇风险等金融风险以外，同时还面临着智能手机终端（iPAD、其他移动终端）自身特点的业务风险，如网络通信风险、操作风险、系统安全性风险、数据传输丢失性风险、能源消耗风险、信任风险和法律风险等。

李东荣等（2012）通过研究指出，移动通信技术的风险主要体现在智能手机终端风险、网络数据传输风险和金融数据服务器风险等方面；智能手机终端风险主要有病毒程序的入侵，如木马程序窃取移动金融支付账号信息、密码信息，以及敏感信息的泄露等；网络数据传输风险主要有通信中断、数据丢失、数据传输过程中的攻击等；金融数据服务器风险主要体现在系统遭受拒绝服务、服务器瘫痪、服务器数据被篡改、服务器数据丢失等。由于手机屏幕比较小，操作键盘也是非常小的，容易产生误操作，其操作风险也是非常重要的风险问题；系统安全性风险主要是手机、服务器的操作系统的安全性和系统的稳定性；数据传输丢失性风险主要有数据在无线信道中的丢失率、信道的干扰、手机的能效差等；信任风险主要包括初始信任、体验感、感知满意度、通信质量、信任倾向等。

随着 3G、4G 移动通信技术的普及使用，各个商业银行都看到了移动金融支付的潜在商机，纷纷建立了移动金融支付业务。中国银行河北省分行的刘萱（2010）针对 3G 移动通信技术、互联网给移动金融支付提供了可靠的移动通信技术的支撑，且带来了巨大的发展空间，对国内外移动金融支付的发展历程和应用现状进行了分析研究，结合国内移动金融支付的特点，提出了 3G 技术背景下移动金融支付的发展对策及潜在的金融支付风险、移动金融支付系统性风险，以及可能引发的社会风险。上海浦东发展银行的刘以研等（2012）在剖析了移动通信技术与金融创新服务、加强金融风险监管机制的基础上，通过研究与借鉴国内外移动金融支付安全性成功案例，对移动金融支付安全性的影响因素进行了研究，指出应该重点加强社会诚信认知、建立全国统一的信用体系、减少信任风险对移动金融支付的影响。

美国学者 David Carf 等（2012）在对移动金融支付运营性风险进行研究的基础上，提出运营性风险主要有信任风险、手机操作风险、信息不对称风险以及手机流动性风险等，这些风险对移动金融支付的广泛应用具有较大的影响。刘恩茂等（2011）结合国内移动金融支付的环境、发展及应用现状，对移动金融支付过程中存在的多种风险问题进行了分析研究；针对移动金融支付风险防范的对策问题，得出的结论是监管体系对移动金融支付业务的发展将产生非常重要的作用。

随着 4G、5G 网络技术、互联网技术、大屏幕智能手机、大屏幕智能终端等技术的深入发展和广泛应用，特别是各种移动金融支付的普遍应用，以移动金融支付业务为主的移动金融支付服务将受到更多金融机构、手机用户、第三方金融支付软件开发商的接受和应用。但新技术的应用也会带来全新的、潜在的移动金融支付风险和安全挑战。移动金融支付是一种创新服务方式，其本身仍然带有移动化、网络化、虚拟化等特征，移动金融支付信息的安全隐患绝不可低估。

1.8　移动金融支付信任机制的研究现状

国内外学者对移动金融支付信任机制的研究主要还是基于初始信任、信任行为、感知风险、服务质量、感知安全性等方面的因素。

感知风险的概念是由 Bauer（1960）从心理学的理论中延伸出来的。感知风险就是在商品买卖过程中，消费者因无法预料其买卖后果而产生的一种不确定性的主观感觉。消费者的感知风险都是主观上的感受，消费者在买卖商品的过程中，可能会感知到各种风险，也可能不会感知到风险的存在；消费者只能针对其主观感受到的风险进行处理。在感知风险中，最常见的有两种表现形式：感知安全和感知隐私。

服务质量（Quality of Service, QoS）是指服务能够满足一组固定特性

（某种技术、某种服务的规定、潜在需求等）的程度，服务内容能够满足用户需求的感知程度。在本书中，服务质量是金融机构和移动无线网络运营商提供的服务质量总称，服务质量通常需要满足四个条件：第一，金融机构的服务质量必须要满足手机用户的需求；第二，服务质量就是为手机用户解决问题；第三，服务质量就是为手机用户提供附加值；第四，服务质量是有形的，是可以测量的，它可以是手机用户对自己所获得服务的评价，也可以是服务提供者对手机用户所获得服务满足感的评价。服务质量主要有技术质量、功能质量等。当手机用户受到服务质量的影响时，会产生强烈的感知行为态度，因而服务质量是目前信任机制研究中非常重要的变量。

谢滨（2009）等研究者根据技术采纳模型，采用调查问卷的方式进行了研究，得出的结论是有用性认知对移动金融支付的信任行为有明显的正面影响，而风险因素对移动金融支付的信任行为有明显的负面影响。白璇（2010）借鉴谢滨（2009）等研究者的研究结果，进一步论证了移动金融支付使用感知安全性也是重要的信任行为。杨丽光（2011）通过问卷调查和专家访谈等研究方法构建了一种评价移动金融支付用户忠诚度的指标体系，也发现了用户满意度是移动金融支付个人信任行为的重要指标。张昱、谢怀军等（2012）学者针对移动金融支付的用户活跃度与黏度等问题，提出了一种基于移动金融支付用户活跃度与黏度的指标模型，从实证上对指标模型进行了分析，论证了用户活跃度与黏度在移动金融支付过程中的重要性；而且从用户的自身素质、使用移动金融支付的收益、金融支付软件和移动终端等环境以及使用移动金融支付进行金融支付的成本等方面论证了其对提高移动金融支付用户的使用程度的重要作用。胡建理等（2011）学者针对信任模型、不诚实推荐、协同作弊与复杂的决策性欺骗等问题，提出了一种手机银行基于信誉机制的分布式信任管理模型，以量化的方法对信任管理模型进行了评估与分析，论证了信誉机制对手机银行信任的重要性。胡未央等（2015）学者从移动用户忠诚度的角度出发，构建了一种以服务质量、关系信任、转换成本和银行形象等因素为外生潜变量，以移动用户满意度、感知价值和移动用户忠诚度等因素为内生潜变量的结构方程模型。验证了移动金融支付、个人移动用户忠诚度的影响因素，以及各因素之间的影响路径与影响程度。得出的结论是，感知价值和移动金融支付服务质量对移动金融支付个人用户忠诚度的影响最为明显；银行形象和关系信任对移动用户满意度具有正面影响；论述了移动金融支付的操作便捷性、金融支付安全性和个性化的金融服务是最能体现移动金融支付服务质量的特征。

美国圣地亚哥州立大学的 G. Kim 教授（2009）针对手机银行中的金融机制、电信服务运营商间的相关问题进行了研究，揭示了手机银行与手机用户之间的信任关系，论述了手机银行用户初始信任的多种前因变量（如结构保证、相对利益、个人倾向信任和金融机构声誉等）之间的关系和作用。英国谢菲尔德大学的 S. Laforet 教授（2009）对中国的 6 个大城市的手机银行消费者的态度和使用情况进行了调查研究。研究结果表明：一是中国移动金融支付的市场前景广阔；二是中国移动运营商为移动金融支付提供了强大的、可靠的和安全的无线通信技术保障；三是消费者的使用意愿对移动金融支付信任行为的影响力大。

移动金融支付感知风险就是在移动金融支付过程中，移动金融支付用户因无法预料其使用移动金融支付导致的结果而产生的一种不确定性的主观感觉。移动金融支付用户的感知风险都是主观的感受，这是因为移动金融支付用户在使用移动金融支付过程中可能会面临各种金融支付风险，这些金融支付风险有的会被移动金融支付用户感知到，有的则不会被感知到；有的可能被移动金融支付用户夸大，有的则可能被缩小，移动金融支付用户只能针对其主观感受到的金融风险加以反映和处理。因此，移动金融支付用户在进行移动金融支付时所遇到的感知风险是有区别的，即感知到的金融风险与实际存在的移动金融支付客观金融风险可能并不一致。

信任可以作为移动金融支付过程基础的最为普遍接受的变量。在许多金融支付关系中，信任是必不可缺的，因为所有的移动金融支付过程都需要存在一些信任的成分，尤其是对不确定性移动金融支付环境中的支付而言更是如此，因为移动金融支付用户面临着与不利的选择和道德风险等相关联的代理成本。

　　困扰移动金融支付用户信任度的问题，将在第五代移动通信技术（5G）大规模商用后迎来解决契机。移动金融支付已经在 4G 环境中得到了较大的发展和应用。第一，4G 环境改变了手机用户对 3G 环境中移动金融支付的刻板印象，对移动金融支付的安全性、可靠性、随时性、随地性和便利性等方面的认知有了较大提高，进一步提升了手机用户对移动金融支付的认知度；第二，突出了移动金融支付业务低廉的交易费用和丰富的业务品种，给予手机用户正面、及时的反馈信息；第三，综合使用先进的软件开发工具（如 JAVA 语言、SLL 技术等）进一步提高了金融支付的交易过程、数据传输质量以及账户信息的安全性等；第四，可以为移动金融支付用户设置每日金融支付限额、支付密码的验证和支付到账的时间等配置，保证一旦发生金融支付损失，可以将用户损失最小化。通过这些先进技术措施、先进金融软件的使用，较好地提高了用户的移动金融支付信任度，并且建立起便捷、安全、专业、服务多样化的移动金融支付服务体验。

　　移动金融支付用户信任度的提升是一个漫长的过程，还需要循序渐进，仅仅依靠技术环境的改进是不能完全达到目的的。近几年 4G 网络的普及应用、更高的数据传输质量、更安全的账号信息与金融支付环境、方便的手机操作和交互界面，无疑提高了移动金融支付用户的体验感，增加了移动金融支付用户的使用黏性。随着 5G 通信技术标准的颁布，移动金融支付机构应该抓住此契机，提升移动金融支付用户的信任度。

　　目前，多家银行的移动金融支付开通和使用方式主要是：第一，用户先到银行营业网点开通移动金融支付业务；第二，从手机上下载移动金融支付用户端软件并进行安装；第三，移动金融支付用户使用个人的银行账号和密码，再通过一个手机短信验证码就可以进行金融支付了。但通过这种方式进行移动金融支付时，会存在安全性问题。许多案例和研究报告均指出，移动金融支付的相关账户和密码信息并不能完全成为移动金融支付信息、账号信息的安全保障，如手机扫描二维码后被窃取移动金融支付用户的账号和密码等相关账号信息、个人信息的案例。若仅有移动金融支付账号、交易密码和手机验证码等操作，手机一旦被盗窃或验证短信被复制、拦截，那么移动金融支付用户的账户资金信息就会受到威胁，事实上，不法分子如果想要窃取移动金融支付用户的账号和密码等相关信息并不难。为了提升移动支付用户金融支付及账户信息的安全性，许多移动金融支付开始配备了动态口令密码器，这种动态口令密码器掌握在移动金融支付用户手上，并随机生成密码，密码有效期为 30 秒，进一步保障了移动金融支付的安全性。

第 2 章
**移动金融支付的系统架构与
移动通信技术的优化技术**

2.1　移动金融支付的系统架构

　　移动金融支付的服务质量是指移动用户通过智能手机随时、随地、全方位地进行银行账户信息的查询、转账、付款以及对其他各类移动金融支付活动的满意程度。移动金融支付的服务质量也是金融机构和移动无线网络运营商提供的服务质量总称，包含技术质量、功能质量等。移动金融支付的服务质量直接影响着移动用户持续信任移动金融支付的程度，它不仅体现在移动用户的忠诚度上，还可以通过社会效应对潜在移动用户形成影响，有利于移动金融支付可持续性发展战略的实施。移动通信技术的数据传输质量、数据传输可靠性、数据传输安全性等直接影响到移动金融支付的服务质量。

　　目前，对移动金融支付服务质量的主要研究有：一是移动无线网络的技术层面（技术质量），如移动网络运营商所提供的移动无线网络技术服务，是限制移动金融支付发展的关键要素（白璇，2010）。刘晓燕等（2015）学者研究了移动金融支付的技术问题和特点，并在此基础上阐明了移动金融支付的技术质量对移动金融支付的推广应用有着重要的影响。随着移动通信4G网络的普遍使用，移动供应商的技术服务质量问题已经得到较好的解决，但移动节点的能量消耗问题、数据分组传输率和数据处理技术的研究还有待进一步的提升和优化，从而进一步提升移动用户的持续使用意愿。二是移动金融支付机构的功能质量层面，如姚水洪等（2013）对移动金融支付服务质量的技术服务质量、服务过程质量、服务结果质量、服务补救质量、服务保障质量等功能质量对移动金融支付的持续信任进行了诠释，得到的结论是，移动金融支付服务质量对持续信任有重要的影响。

　　移动金融支付的系统架构由三个主要部分组成：（1）移动通信技术网络的业务接入技术；（2）移动金融支付处理中心；（3）移动金融支付

数据处理中心。此外，还包括移动金融支付的核心软件系统、监控移动终端、移动基站、智能手机及相应的软件等。图 2 - 1 展示了移动金融支付的系统架构。

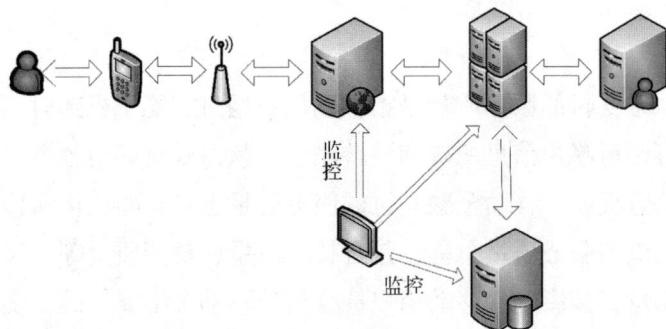

监控

监控

图 2 - 1　移动金融支付的系统架构

移动金融支付系统架构的三个主要组成部分功能如下。

（1）移动通信技术网络的业务接入技术

移动通信技术网络的业务接入技术是移动金融支付与移动通信网络的连接模块，主要是移动金融支付通过移动基站向移动金融支付数据处理中心传输请求数据信息，完成手机与金融数据处理中心之间的数据相互传输与转换，实现对非法金融数据信息的过滤处理，并将移动金融支付业务请求数据信息转发到金融支付处理中心。

（2）移动金融支付处理中心

移动金融支付处理中心位于移动金融支付系统架构的金融支付业务处理层，主要实现对金融支付数据信息的控制、金融支付数据参数的设定、金融支付数据业务逻辑的处理，并向金融数据处理中心和移动金融支付的核心软件系统交换相关的金融支付数据信息等。

（3）移动金融支付数据处理中心

移动金融支付数据处理中心位于移动金融支付系统架构的数据层，为移动金融支付的系统架构提供相关的金融数据库及软件接口技术，保存移动金融支付用户的账户信息、个人信息、操作日志信息等相关信息。

移动金融支付在发展过程中同样也遇到了各种问题，主要体现在以下方面。

（1）移动通信网络对移动金融支付的技术支撑作用

移动金融支付主要是借助移动通信网络平台与金融机构服务平台，以智能手机、智能终端设备作为移动终端，以 4G 移动通信技术向手机用户提供银行金融支付服务的一种金融服务方式。该方面的研究工作提高了移动通信技术的数据传输率、数据传输质量、数据传输的安全性，解决了智能手机能源消耗等技术问题，对移动金融支付起着重要的技术保障作用。

（2）跨行业合作机制

移动金融支付是移动通信运营商、金融服务机构等行业合作的产物，实现了金融信息资源共享。其一，移动通信运营商掌握着移动通信技术网络的基础设施建设、互联网平台的构建、数据的传输机制，垄断了互联网资费的制定标准等。其二，移动通信运营商开发的移动金融支付软件对商业银行的业务发展支撑不够，需要较好地提升移动金融支付过程中的服务内容和服务质量。其三，移动金融支付业务需要对金融数据进行加密处理，因此账户信息的安全性处理技术等安全技术需要进一步完善。其四，货币信息化准入的监管问题。到目前为止，中国银行保险监督管理委员会尚未对非金融机构准入移动金融支付领域作出统一规定，这就成为移动金融支付与第三方金融支付不合理竞争的因素。因此，金融机构最担心的问题就是非金融机构进入移动金融支付领域后，将对金融系统产生巨大冲击。

（3）市场供求关系问题

从市场需求的角度看，目前国内移动金融支付引导手机用户使用移动金融支付的力度、用户体验程度还不够，手机用户对账户信息的安全性、用户信任机制存在顾虑。从供给的角度看，目前各金融机构开发的移动金融支付系统，主要考虑金融产品的类型、银行业务业绩、用户规模和交易数量等，而忽略了手机用户对于移动金融支付满意度、用户行为、信任度的了解，没有过硬的服务质量、信任度的支撑，这也是造成用户量少的原因。

（4）移动金融支付的安全性风险

移动金融支付的安全性风险主要涉及移动金融支付的技术漏洞风险、

用户的账户、密码、资金和明细等敏感的移动金融支付用户个人信息，如手机丢失风险、钓鱼网站骚扰、非法病毒侵袭、键盘录制、欺诈类短信、交易密码泄露、远程控制等都成为移动金融支付不安全的因素。

移动金融支付的安全性风险主要有：①技术漏洞风险。主要是由于移动通信网络和互联网技术等还不够成熟和完善造成的。技术漏洞风险会极大地影响移动金融支付系统的可靠性、稳定性和安全性，致使移动金融支付中的各项支付业务难以正常进行，也会给移动金融支付用户、移动金融支付机构等带来信任降低或者资金损失。②金融支付系统设计风险。是指在使用移动金融支付系统时，所选用的金融支付硬件、软件不匹配，硬件方面存在冲突或软件设计中存在缺陷，导致移动金融支付系统在运行过程中出现支付故障、中断金融支付而造成账户信息泄露、资金损失等。③恶意攻击风险。是指移动金融支付软件受到恶意病毒软件的攻击、入侵和破坏等，如手机病毒软件侵袭、钓鱼网站骚扰、网络黑客入侵等，造成移动金融支付个人银行账户信息的失窃、金融支付软件的瘫痪等，这是目前移动金融支付面临的最主要的技术性风险。

2.2 移动节点能量消耗模型的研究

在移动通信网络中，移动节点（智能手机、iPAD、移动终端等）通常是由能量非常有限的电池供电。因此，如何使移动节点能够在保证可用性、移动性的情况下尽量降低能量消耗，对移动通信网络长时间工作显得尤为重要。此外，在移动通信网络的一些应用尤其是实时金融支付应用中，移动节点传输的数据需要在较短的时间内送达金融服务器，因此移动节点性能的好坏直接影响到移动通信网络的性能，特别是在数据的传输过程中，其移动节点的能源消耗对网络的数据传输质量、数据传输率有着重要的影响。

2.2.1　移动通信网络能源消耗模型

在本部分，给出一种基于能量熵的无线传感器网络（Genetic Algorithm for Energy – entropy Based Multipath Routing in WSNs，GAEMW）多路径路由的遗传算法。该算法的核心思想是，利用下一跳节点剩余能量选择多路径路由的过程，求出每条路由的最小节点剩余能量。该算法可以平衡单个节点的电池功率利用率，从而延长整个网络的生存期、降低节点的平均能量消耗和提升数据分组的传输率。

一个移动网络模型可以表示成一个无向图 $G = (V, E)$，其中 V 表示网络中移动节点的集合（智能手机集合），E 表示两个节点之间的通信链路的集合。v_i、$v_j \in V$ 表示网络中的任意两个移动节点。每个通信链路 $e = (i, j) \in E$ 表示节点 i 与节点 j 是直接相连的，并且假设链路是对称的，即 $(i, i) \in E$；$(j, i) \in E$。可以给定一组最小的通信模式 $P = \{P_1, P_2, \cdots, P_m\}$，从源节点（移动手机用户）$s_k$ 发送数据分组（也称手机用户发送金融支付数据）到目的节点（金融数据服务器）D_k 可表示为 $P_k = (s_k, D_k)$，$1 \leqslant k \leqslant m$，且 $D_k \subseteq V - \{s_k\}$。

我们考虑一个无干涉的移动通信网络模型，影响能源消耗的主要因素有：（1）源节点发送金融数据的能源消耗，可表示为 α_t；（2）金融数据在传输过程中的能源消耗，可表示为 α_{amp}；（3）目的节点接收金融数据的能源消耗，可表示为 α_r。源节点发送数据分组的能耗和接收节点接收数据分组（也称手机接收数据）的能耗可表示为

$$E_{tr} = (\alpha_t + \alpha_{amp} d^2) \times r \qquad E_{rec} = \alpha_r \times r \qquad (2-1)$$

这里，E_{tr} 表示源节点发送 r 比特的能耗，E_{rec} 表示目的节点接收 r 比特的能耗，d 是数据传输距离。

在单个链路上传输和接收金融数据分组所需的能量可用 $E_{tr} + E_{rec}$ 表示，从而在一个链路上传输和接收整个金融数据分组所需要的能量可表示为

$$(E_{tr} + E_{rec}) \times N_I \qquad (2-2)$$

这里，N_I 表示传输金融数据分组的数量。

在移动通信网络上传输和接收一个金融数据分组从源节点 s 到它的目的节点 d 需要通过一个路径 k。其能源消耗可表示为

$$(E_{tr} + E_{rec}) \times | P_k^{s,d} | \qquad (2-3)$$

在移动通信网络中，从源节点到目的节点间的路径 $Paths_{s,d}$ 中节点的总能耗可以表示为

$$(E_{tr} + E_{rec}) \times P_k \times | P_k^{s,d} | \qquad (2-4)$$

这里 $\sum_{k=1}^{paths_{s,d}} p_k = 1$。

2.2.2　基于能源消耗的遗传算法

人们在研究生物遗传进化的过程中，认识到生物遗传进化过程主要有复制、杂交、变异、竞争和选择等进化过程。一些学者从生物遗传进化的过程中得到启发，提出了智能型遗传进化算法，也称为遗传算法（Genetic Algorithm，GA）。遗传算法具有并行数据搜索能力、自适应进化寻找最优解能力以及生成一组 Pareto 最优解集等诸多特点，已经被较好地用于解决各种计算复杂性、传输复杂性的完全问题上。

遗传进化过程中的生物体称为个体（Individual），个体对环境的适应程度可以用适度函数的值（Fitness）表示。适度函数的值可以通过个体的染色体（Chromosome）进行计算，在遗传算法中，个体的染色体即编码，通常用一个数字串来表示，数字串（编码）中的每一位对应一个基因（Gene），一定数量的个体就组成一个群体（Population）。根据遗传算法的结构，其基本的操作过程有选择操作、交叉操作和变异操作三个基本操作。在遗传算法中，对所有个体进行选择操作、交叉操作和变异操作后生成新的群体，称为新一代（New Generation）群体。

遗传算法是一种基于迭代处理的多解决方案搜索算法。当一个遗传算法用于解决数据传输问题时，其遗传算法中的选择操作、交叉操作和变异操作三个操作会对算法的有效性产生重要的影响。遗传算法在进化搜索过程中主要使用适度函数作为进化选择操作的计算依据，对进化群体中每个个体的适度函数进行计算，再对计算出的适度函数值进行进化选择操作，适度函数的值将直接影响到算法中的迭代次数与迭代收敛速度、能否找到

遗传最优解。遗传算法的迭代过程如图 2-2 所示。

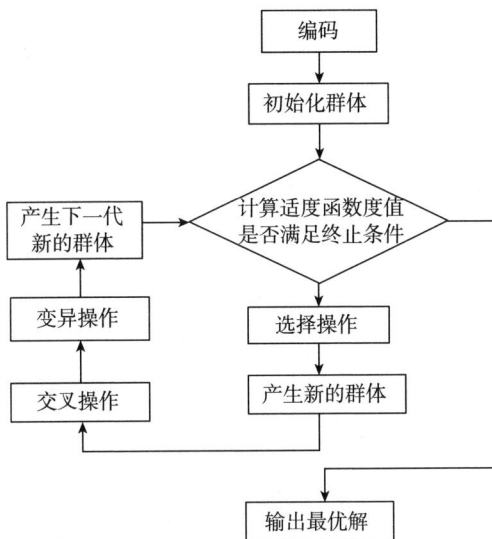

图 2-2　遗传算法的处理过程

编码方案。金融数据传输路径可由一系列用正整数表示的节点路径进行编码，这些正整数表示金融数据传输路径中的移动节点 id、能量和其他相关的数据信息。传输路径中的第一个基因可表示为源节点（手机），传输路径中的第二个基因是从与源节点直接连接的其他节点中随机选择的，被选中的节点从基因信息库中删除，以避免重复选择，重复进行这个过程，直到金融数据到达目的节点（金融数据库），最后一个基因可表示为目的节点。给定一个源节点 s 和目的节点 d，可以用长度为 m 的整数数字串表示一条染色体，如 $s \to 1 \to 3 \to 4 \to d$。图 2-3 为遗传算法的编码表示。

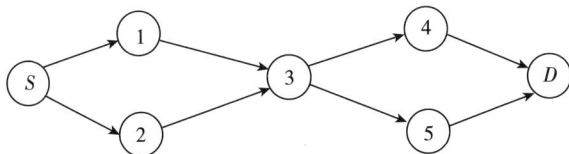

图 2-3　遗传算法的编码表示

选择操作。选择操作是用来确定遗传个体进行选择和产生多少个子代的个体选择过程。在选择操作过程中，选择操作可以分为两个处理过程：

一是产生［0，1］的随机数，计算每一串的选择概率，并计算适度函数的值；二是按照适度函数的值从大到小对基因进行排序，根据选择概率对父代个体进行选择操作，选择出最好的个体并将其选作下一代的父代个体，重复进行这个操作过程。个体的选择概率与适度函数的值成正比例关系，个体适度函数的值越大，则个体被选择的概率就越高，从而就能选择出最好的个体。以此能源能耗为基础，可以建立一种基于遗传基因表示的适度函数。其遗传基因表示的适度函数为

$$f(C_i) = \frac{1}{G} \sum_{k=1}^{path} \left[(E_{tr} + E_{rec}) \times P_{ki} \times |P_{ki}{}^{s,d}| - E_{avg} \right] \qquad (2-5)$$

交叉操作。交叉操作是对每串产生［0，1］的随机数，按照这个随机数随机从遗传亲代群体中选择两组个体，随机将两组个体的部分结构进行随时配对，对每一组产生在［1，m］的随机数确定交叉操作的位置，从而产生两组新的遗传子代个体。交叉操作产生的两个遗传子代个体基因，都包含两个亲代遗传个体的遗传基因，但与遗传亲代个体基因有所不同。交叉操作使遗传个体信息进行交换处理，并结合适度函数的值选择最优个体基因，使优秀个体基因得以保存，不良个体基因被遗弃。遗传算法的交叉操作如图 2 - 4 所示。

Parent 1=Chromosome= (s 1 2:6 9 d)
Parent 1=Chromosome= (s 4 5:7 8 d)

Child 1=Chromosome= (s 1 2:7 8 d)
Child 1=Chromosome= (s 4 5:6 9 d)

图 2 - 4 遗传算法的交叉操作

变异操作。交叉操作之后就要进行遗传子代的变异操作，变异操作是指个体基因中的某一位发生突变，这样就可以产生一种有实质性差异的新个体基因。变异操作的本身也是一种局部随机搜索操作过程，与选择操作结合才能进行交叉操作，选择操作和交叉操作可以较好地保证遗传算法搜索操作过程的收敛性、可行性和有效性，使遗传算法具有局部的随机搜索处理能力。在遗传算法中，变异操作可以产生在初始种群中不含有的遗传

基因，也可以找回在选择操作过程中丢失的较优遗传基因，并为遗传种群的迭代、搜索提供新的基因。遗传算法的变异操作如图 2-5 所示。

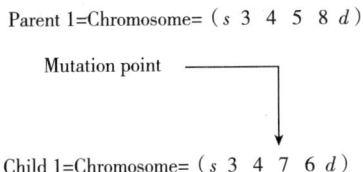

Parent 1=Chromosome=$(s\ 3\ 4\ 5\ 8\ d)$

Mutation point

Child 1=Chromosome=$(s\ 3\ 4\ 7\ 6\ d)$

图 2-5　遗传算法的变异操作

2.2.3　收敛性分析

定理1：本书提出在移动无线网络中基于能源消耗的遗传算法能够收敛到全局最优解。

证明：本书提出的基于能源消耗的遗传算法具有以下特点。

（1）采用适度函数式（2-5）进行了优化处理，通过该适度函数能够选择最优的个体，从而保证了遗传个体在下一代遗传过程中的个体质量。

（2）采用基于金融数据传输路径表示的可变长度染色体机制进行编码，从而较好地减少了编码的编码/解码过程。

（3）按随机概率数对遗传个体进行选择操作，并在选择操作过程中随时保存最优遗传个体。

（4）交叉概率在 $[0,1]$ 选择。

（5）变异概率在 $(0,1]$ 选择。

综合上述五方面的特点，本书提出的基于能源消耗的移动无线网络的遗传算法能够收敛到全局最优解。

由于遗传算法为并行算法，其并行搜索速度比较快，整个并行搜索过程能在较短时间内完成，其算法的时间复杂性主要由计算时间复杂性决定，从而可知计算时间复杂性为 $O(|E|+|N|\log|N|+k)$。

2.2.4　仿真实验研究

为了有效地评价该遗传算法的性能，我们在计算机上进行仿真实验研究，仿真环境：设置一个 1000 米 × 1000 米的 2D 空间的区域，在此区域内随机分布 100 个移动节点（智能手机、移动终端等），节点的传输半径设置为 250 米，节点可以 0 ~ 20 米/秒的移动速度随机移动，节点的移动模型采用随机点移动模型。数据分组到达为 Poisson 流分布，数据的传输类型为恒定比特率（CBR），每次仿真运行时间为 60 分钟。仿真平台为国际标准组织推荐的网络仿真系统 NS – 2（Network Simulator—NS – 2, http://www.isi.edu/nsnam/ns），NS – 2 是一个国际通用的离散事件驱动的网络仿真系统，主要用于网络技术、网络协议等相关问题的仿真实验研究。然后从移动无线网络的移动节点能量消耗的比较、平均剩余能量的比较、网络生命期和数据分组的传输率等几个方面的性能进行仿真实验。

图 2 – 6 为网络运行时间与移动节点的能量消耗的比较，从图 2 – 6 中可以看出，移动网络的运行时间越长，其移动节点的能量消耗越大，在仿真实验研究中，将 GAEMW 算法与典型的 A – Star 算法进行了比较研究。图 2 – 6 是两种算法的能量消耗的比较。从图 2 – 6 中可以看出，GAEMW 算法比 A – Star 算法消耗的能量要少，这是因为 GAEMW 算法优化了移动节点的能量消耗。

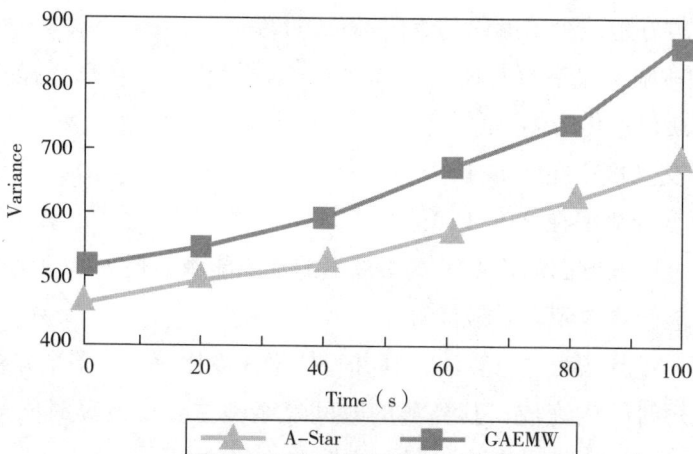

图 2 – 6　能量消耗的比较

图 2 – 7 为 GAEMW 算法与 A – Star 算法的网络移动节点在平均剩余能量下的比较。移动网络运行时间越长，能源消耗也就越大，网络移动节

点的剩余能量也就越少，从图 2 - 7 中可以看出，GAEMW 算法比 A - Star
算法的移动节点剩余能量要多，从而可以较好地延长移动网络的寿命。

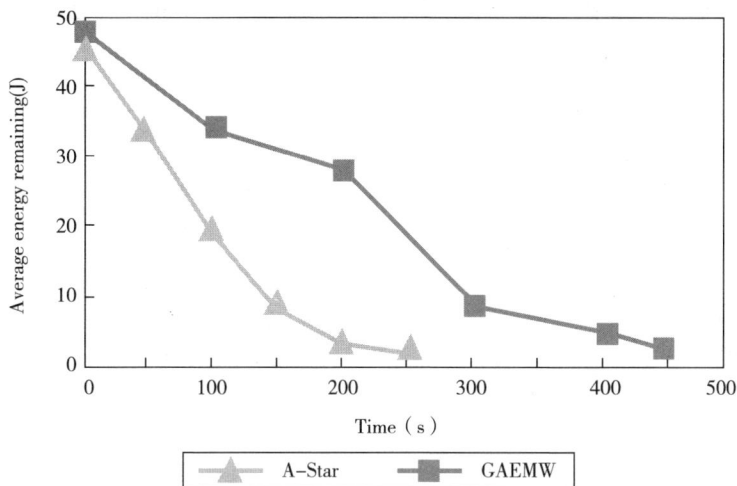

图 2 - 7　平均剩余能量的比较

　　图 2 - 8 为 GAEMW 算法与 A - Star 算法在网络移动节点数量增加时，
移动网络生命期的比较；当移动网络中移动节点数量增加时，移动节点传
输数据信号的距离就减少了，从而降低了移动节点的能量消耗；从图 2 -
8 中可以看出，GAEMW 算法能较好地提高网络的生命期。

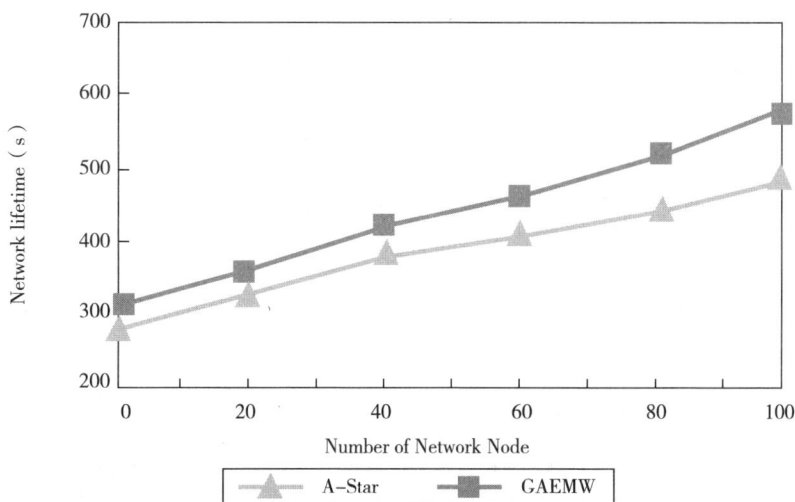

图 2 - 8　网络生命期的比较

图2-9为GAEMW算法与A-Star算法在网络移动节点数量增加时，网络数据分组传输率的比较。从图2-9中可以看出，GAEMW算法在数据分组传输率上要高于A-Star算法，这是因为GAEMW算法优化了数据传输的路径和节省了能源机制，选择了比较好的路径进行数据分组的传输，从而能较好地提高数据分组的传输率。

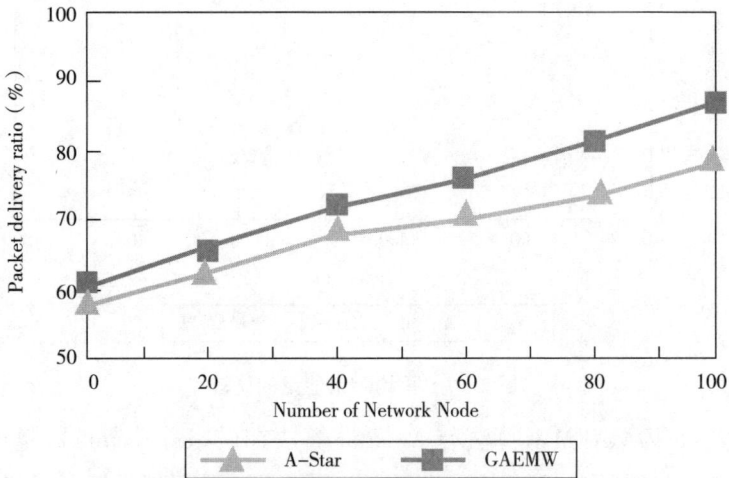

图2-9 数据分组传输率的比较

2.3 能源信息熵的多路径传输机制的研究

由于移动通信网络连接还存在不可靠性和网络拓扑结构动态变化等特性，单一路径的移动无线网络连接的路由性能不能获得较好的突破。在移动通信网络连接中采用多路径路由传输数据分组可获得更好的稳定性，从而提高移动无线网络资源利用率。首先，移动通信网络中的带宽资源有限，通过多路径传输数据分组可以减少在带宽有限资源方面的限制，有利于移动通信网络数据分组传输的负载均衡，减少了数据分组传输过程中的延时；其次，由于移动通信网络拓扑的动态变化，采用多路径能快速传输数据分组，防止路径断链，增强路径的稳定性；最后，多路径数据传输比单路径数据传输更能提升移动节点（手机）、网络的服务质量。

在本部分中，我们将能源熵的评价方法引入 MANET（Mobil Ad–hoc Network）中，提升移动节点的能源消耗，提出了一种基于能源熵的 MANET最小功耗多径路由算法（Energy Entropy–based minimum Power cost Multipath routing algorithm in MANET，EEPMM）。该算法主要是使用能源信息熵的算法对多路径路由进行配置，实现多路径路由节点的能源负载均衡。EEPMM 算法减少了分组传输的功耗，较好地节省了节点的能源消耗，从而提高了网络的寿命。

2.3.1 能源信息熵的定义

对于移动通信网络中的数据传输处理领域来说，Shannon 的信息论是其数学基础在信息论中的应用，数据传输处理的标准量与基本量可以看作是信息熵，移动通信网络的信息不确定性、节点的移动性及节点的能耗等特点与信息熵类似，因此相应的数据处理方法、结果和观测处理等可以应用到移动通信网络中，用在有多条路径传输数据的环境中，提高网络的数据分组吞吐量；同时也可以建立一种网络性能评估的评价方法。

在移动通信网络中，虽然节点剩余能源是容易测量的，但它的能源消耗速度仍是未知数，也不好测量，由于这种不确定性，一个移动节点所消耗的能量与发射功率是成正比的。移动节点的通信距离越远、信号干扰越大、信号越弱，需要消耗越多的能量。因此，移动节点的最大传输范围 R_{MAX} 是由移动节点的最大允许发射功率 E_{MAX} 决定的。

现在计算两个不确定移动节点之间的发射器和接收器的相对距离。假设移动节点是随机分布在一定的范围内，移动节点接收器等概率均匀分布在以移动节点发射器为圆心、R_{MAX} 为半径的范围内。如果使用极坐标系，则节点都均匀分布在 $[0, R_{MAX}]$ 的径向距离内、角度均匀分布在 $[0, 2\pi]$ 的范围内。

假设移动无线网络的移动节点的无线电消散功率为 E_{elec}，传输放大器

可表示为 E_{amp} ，P_t 和 P_r 分别表示移动节点的发射和接收功率，则在距离为 d 的无线链路中传输 k 比特的数据分组需要的能源可表示为

$$P_t = E_{elec} \times k + E_{amp} \times k \qquad (2-6)$$

$$P_r = P_t \times d^{-\alpha} \qquad (2-7)$$

根据移动节点传输一个数据分组所需要的能源，传输一个数据分组 p 所需要的能源可表示为 $P_t = i \times v \times t_p$ 焦耳，则其传输能源代价可表示为

$$C_R = \sum_{i=0}^{k-1} [P_t(i) + P_r(i+1)] \qquad (2-8)$$

这里，$P_r(i+1)$ 是协助减少跳数。

剩余的能量容量成本函数可定义为

$$C_R = \sum_{i=1}^{k-1} [1/E_r^i(t)] \qquad (2-9)$$

这里，$E_r^i(t)$ 是移动节点 i 在时间 t 时的剩余能量。

移动节点接收器的位置信息可以由距离概率密度函数 $f_R(r)$ 和方向概率密度函数 $f_\Theta(\theta)$ 决定，两个概率密度函数定义如下：

$$f_R(r) = \begin{cases} \dfrac{2r}{R_{max}^2}, 0 \leqslant r \leqslant R_{max} \\ \\ 0, \quad 其他 \end{cases} \qquad (2-10)$$

$$f_\Theta(\theta) = \begin{cases} \dfrac{1}{2\pi}, 0 \leqslant \theta \leqslant 2\pi \\ \\ 0, \quad 其他 \end{cases} \qquad (2-11)$$

联合概率密度函数可以定义为

$$f_{R\Theta}(r,\theta) = \begin{cases} \dfrac{r}{\pi R_{max}^2}, 0 \leqslant r \leqslant R_{max}, 0 \leqslant \theta \leqslant 2\pi \\ \\ 0, \quad 其他 \end{cases} \qquad (2-12)$$

其节点的能源信息熵可以表示为

$$H(f_P) = \int_0^{R_{max}} f_{R\Theta}(P_t^{-\alpha}) \log f_{R\Theta}(P_t^{-\alpha}) dP_t \qquad (2-13)$$

2.3.2　仿真实验研究

为了有效地评价该算法的性能，我们在计算机上进行仿真实验研究，仿真环境：设置一个 1000 米 × 1000 米的 2D 空间区域，在此区域内随机分布 50 个移动节点（智能手机、移动终端等），节点的传输半径设置为 250 米，无线链路的传输带宽为 2Mbps，移动节点以 0 ~ 20 米/秒的移动速度随机移动，移动节点的移动模型可以设置为随机点移动模型。数据分组的传输时间可以表示为 $tp = (ph/6 \times 106 + pd/54 \times 106)$ s，其中，ph 和 pd 分别表示分组的头部信息和数据信息，数据分组到达为 Poisson 流分布，数据的传输类型为恒定比特率（CBR），每次仿真运行时间为 15 分钟。仿真平台为国际标准组织推荐的网络仿真系统 NS–2，然后从移动网络的网络生命期、移动节点的平均能量消耗等几个方面的性能进行了仿真实验。

在上述能源信息熵模型及 NS–2 仿真系统中，对提出的 EEPMM 算法与典型的 MEA–DSR 算法、SHM 算法进行了仿真实验分析。其主要的性能指标有网络生命期、能源消耗、移动速度等。其仿真实验分析数据如下：

图 2–10 为在网络移动节点数量变化的情况下，3 个算法的网络生命期的性能的比较。从图中可以看出，随着网络节点数量的增加，网络的生命期也在增加。我们提出的 EEPMM 算法的网络生命期要比其他两个算法的网络生命期相对较长，这是因为在 EEPMM 算法中采用了能源信息熵的理论，减少了节点的能源消耗。

图 2–11 为在网络移动节点数量变化的情况下，3 个算法的移动节点能源消耗情况的比较。从图中的分析比较可以看出，EEPMM 算法的能源消耗最低，这是因为 EEPMM 算法采用信息熵对节点的能源消耗情况进行统计与分析，数据分组的传输由能源消耗较少的节点进行传输处理，较好地均衡分配了移动节点的能源消耗。

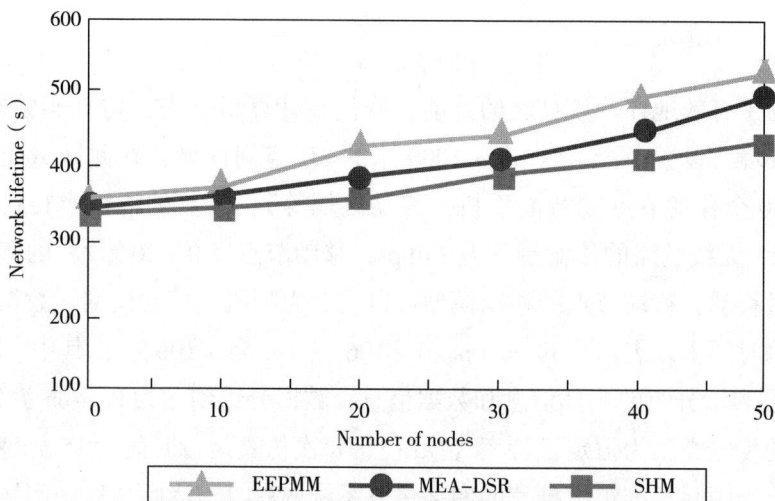

图 2 - 10　网络生命期的比较

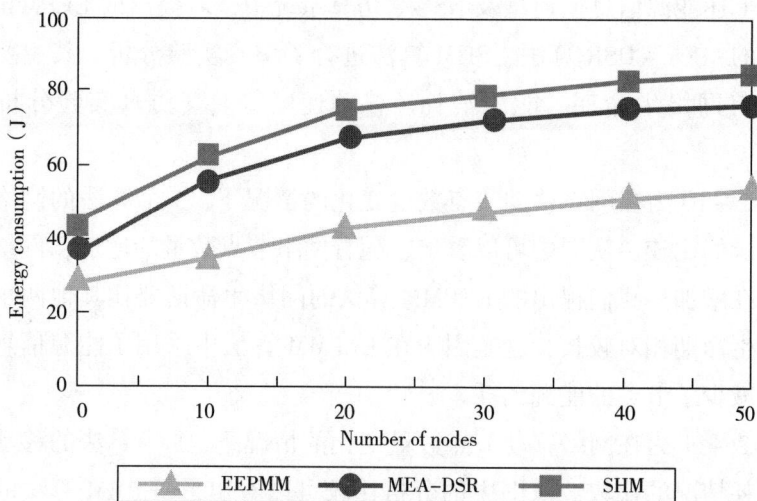

图 2 - 11　能源消耗的比较

　　图 2 - 12 为无线网络移动节点在不同移动速度下 3 个算法的网络生命期的比较。当移动节点的移动速度提高时，移动节点的能源消耗就增大；从图中可以看出，EEPMM 算法的网络生命期要高于其他两个算法。

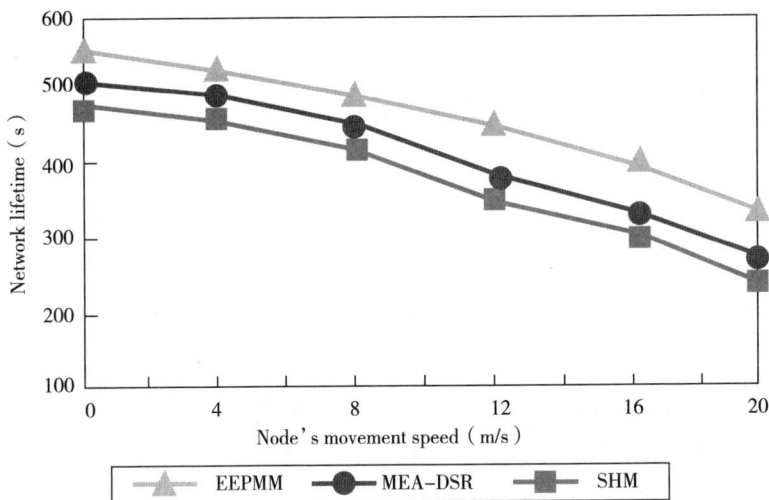

图 2 - 12　移动节点的移动速度与网络生命期的比较

图 2 - 13 为移动节点的移动速度从静止状态到 20 米/秒的速度下，3 个算法的移动节点能源消耗情况的比较。当移动节点的移动速度提高时，移动节点传输数据的能源消耗也在加大；从图中可以看出，EEPMM 算法的能源消耗要低于其他两个算法。

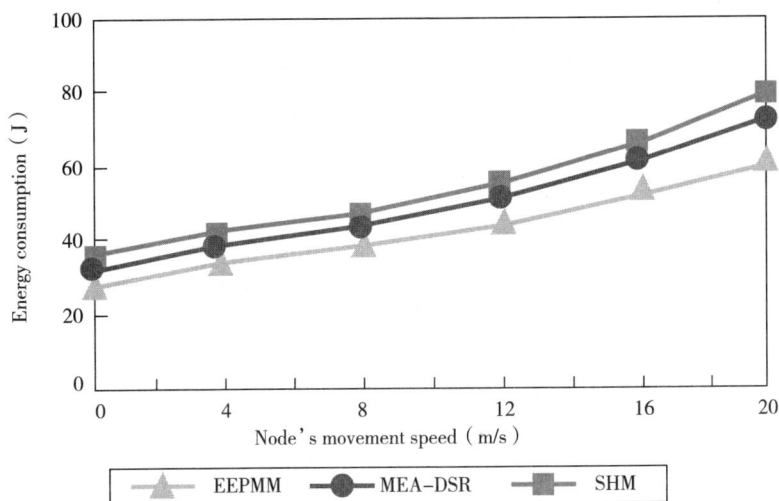

图 2 - 13　移动节点的移动速度与能源消耗的比较

第 2 章　移动金融支付的系统架构与移动通信技术的优化技术

2.4 能源信息熵的移动簇首节点选择算法的研究

随着大规模移动通信网络、移动金融支付等应用的普及，特别是 4G 移动通信网络的广泛应用，以及即将到来的 5G 移动通信网络，将有由大量移动节点组成的游牧群体移动、队列群体移动、参考点群体移动以及追逐群体移动等各种移动群体的广泛应用、移动金融支付群体支付等，要求手机金融支付要有更加可靠、更大的数据吞吐量、更加安全的移动通信网络技术的支撑。针对这些技术问题，我们提出了一种基于能源信息熵的簇首节点选择算法（EE-CSAW），主要体现在以下几个方面。

2.4.1 移动通信网络簇的结构模型

移动通信网络可以看作是由 N 个均匀分布的移动节点组成，每个移动节点的通信距离为 M 米，无线连接的存在完全由移动节点间的通信距离决定，而忽略了由于无线信号干扰和障碍物造成的链路中断等因素。移动簇的组成主要是由移动簇首节点和移动簇成员构造的。移动簇成员总是直接连接到它的移动簇首节点。如果存在至少一个节点连接两个移动簇，那么这两个移动簇就是邻居。图 2-14 为移动簇的结构模型。

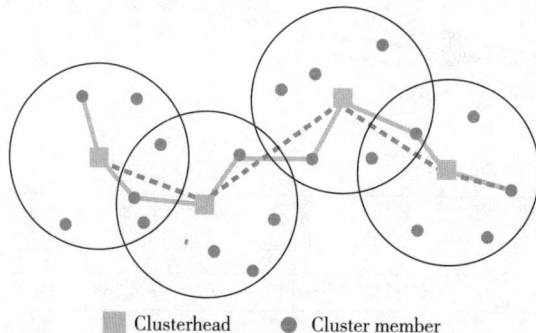

■ Clusterhead ● Cluster member

图 2-14 移动通信网络的移动簇结构

我们可以用移动节点的电池剩余量（B_r）、邻居成员数目（N_n）、移动簇成员数目（S）和成员的稳定性（N_m）等参数来评价移动节点的性能。每个移动节点综合考虑上述参数的权重系数进行计算得分，移动节点 N 的得分可以定义为

$$\text{Score} = (C_1 \times B_r) + (C_2 \times N_n) + (C_3 \times S) + (C_4 \times N_m)$$

$$(2-14)$$

这里，C_1、C_2、C_3、C_4 是上述 4 个参数的权重系数，且 $C_1 + C_2 + C_3 + C_4 = 1$。

电池剩余量（B_r）：移动节点的电池剩余量，其能量通过传输数据分组、接收数据分组和消息分组等来消耗。

邻居成员数目（N_n）：在移动节点传输范围内的现有其他移动节点的数量。

移动簇成员数目（S）：主要是移动簇内移动节点的数量。

移动簇成员的稳定性（N_m）：由每个移动簇首处理的移动节点集，可由式（2-15）进行计算

$$Nm = (\text{mem}_V \times \text{previous score})\qquad(2-15)$$

其中，mem_V 可由式（2-16）进行计算

$$\begin{cases} mem_V = \dfrac{N_m}{4}, N_m < 4 \\ mem_V = \dfrac{N_m - \delta}{\delta - 4}, N_m \geqslant 4 \end{cases}\qquad(2-16)$$

这里，δ 是一个预先定义的阈值，为一簇首节点可以处理的最理想的移动节点数目。

移动簇首节点的选择模型可表示为

$$T(n) = \begin{cases} \dfrac{p}{1 - p \times [r \times \text{mod}(1/p)]} \times \dfrac{E_{residual}}{E_{initial}} \times k_{opt}, if\ n \in G \\ \\ 0, 其他 \end{cases}$$

$$(2-17)$$

2.4.2 仿真实验研究

我们在计算机上模拟一个 1000 米 × 1000 米的 2D 空间的区域，在此区域内随机分布 100 个移动节点（智能手机、移动终端等），节点的传输半径可设置为 250 米，节点的平均连接度为 3～5，若两个移动节点在彼此的传输范围内用一条无线链路连接，无线链路的带宽为 2Mbps，节点的移动速度为 0～20 米/秒，那么移动节点的移动模型为随机点移动模型。仿真平台为 NS‑2，其仿真实验的主要参数如表 2‑1 所示。

在上述移动簇首节点的选择模型及 NS‑2 仿真系统中，将提出的算法 EE‑CSAW 与典型的算法 SLEACH 算法、Thein's 算法进行了性能比较与分析。在移动节点数量变化的情况下，节点数量越多，簇的数量也就越多，移动簇首节点也就越多。

表 2‑1 仿真实验参数

节点数量	100 个	节点能量	50×10^{-9} J/bit
仿真区域	1000 米 × 1000 米	放大器能量	1.3×10^{-15} J/bit/m^2
节点的传输距离	250 米	移动簇首的概率	0.1
平均节点度	3～5	初始节点的能量	30 J
仿真时间	600 秒	传输类型	CBR
最大传输能源	0.282W	仿真比较协议	SLEACH, Thein

图 2‑15 显示了移动簇首的平均数量随节点数量的变化而变化的情况。节点数波动的恢复能力的提高是由于相对节点数和长期节点稳定性决定的。在 EE‑CSAW 算法中，我们限制了每个移动簇首的大小，因此当节点数变化时，移动簇首数目相对稳定。与 SLEACH 算法和 Thein 算法相比，EE‑CSAW 算法的移动簇首更新率更低，提升了移动簇首节点的稳定性。

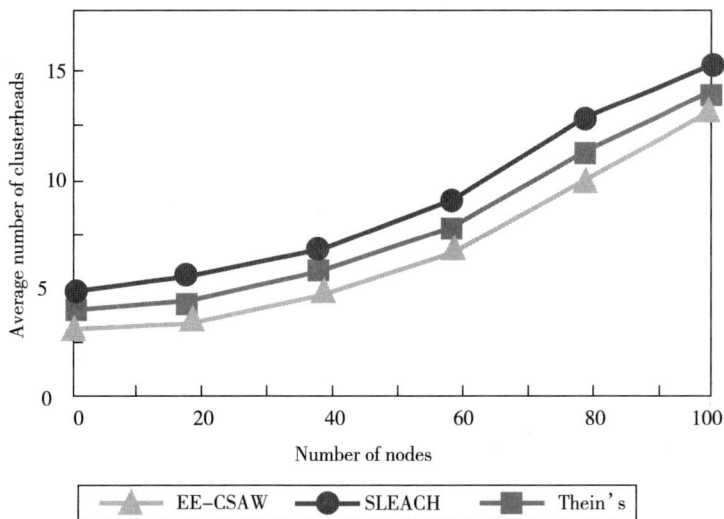

图 2-15 簇首数量变化的比较

图 2-16 为当移动通信网络的移动节点数量增加时,3 个算法移动簇首变化情况的比较。网络移动节点数量增加,使网络簇数量增加,从而移动簇首的数量也会相应增加。从图 2-16 的仿真分析中可以看出,EE-CSAW 算法对簇首节点的选择变化比较小,这是由于采用了移动簇首节点的选择模型,选择了性能较好、稳定性较好的移动簇首节点,提升了网络的数据传输质量。

移动簇成员的变化对移动簇的稳定性将产生重要的影响作用。图 2-17 为在移动通信网络的移动节点数量变化的情况下,3 个算法的移动簇成员变化的比较,当移动节点数量增加时,簇的成员和移动簇也在相应增加。从图 2-17 的仿真实验分析中可以看出,EE-CSAW 算法的移动簇和移动簇成员的变化比较小,这是由于采用了移动簇首节点的选择模型,选择了性能稳定的移动簇首节点及簇成员节点,这样就可以提高数据分组的吞吐量和数据的可靠性。

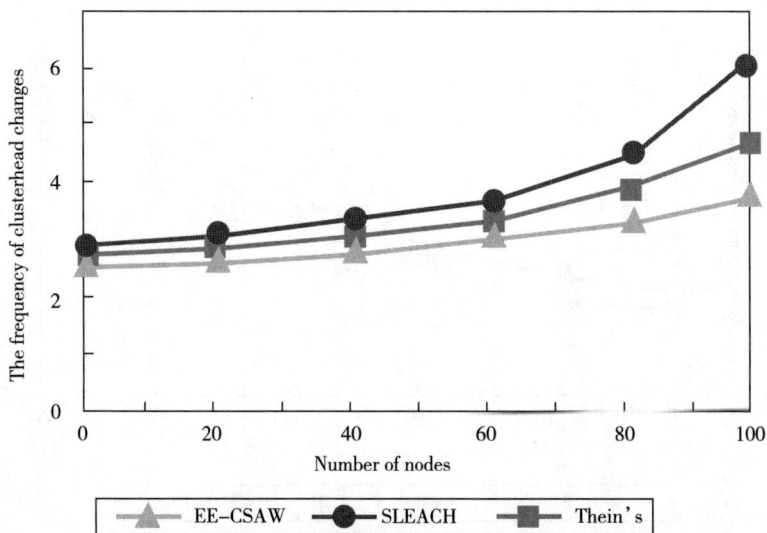

图 2 - 16　簇首变化情况的比较

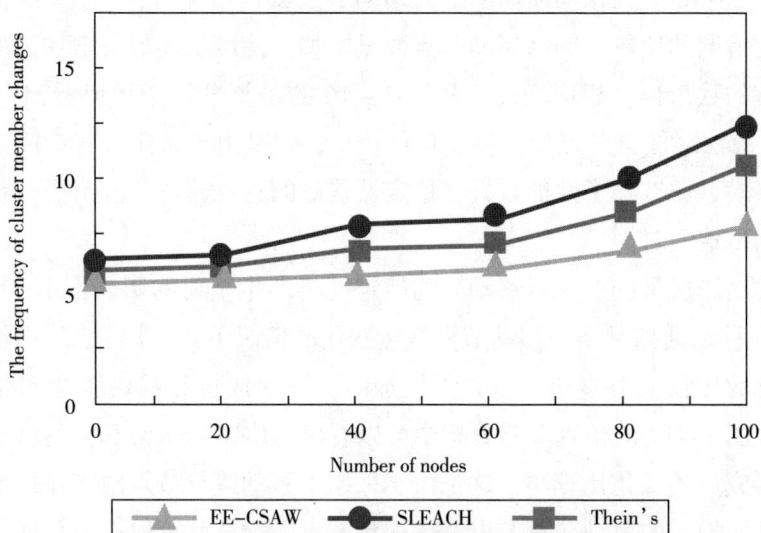

图 2 - 17　簇的成员的变化

　　图 2 - 18 为在移动通信网络的移动节点数量变化的情况下，三个算法在能源消耗方面的比较。从图 2 - 18 的仿真实验分析中可以看出，EE - CSAW 算法移动簇的移动节点数量增大时，其移动节点的能源消耗也相应

增加，这是由于移动簇首节点采用了移动簇首节点选择模型，选择了性能较好的移动簇首节点及簇成员节点，减少了移动节点的能源消耗。

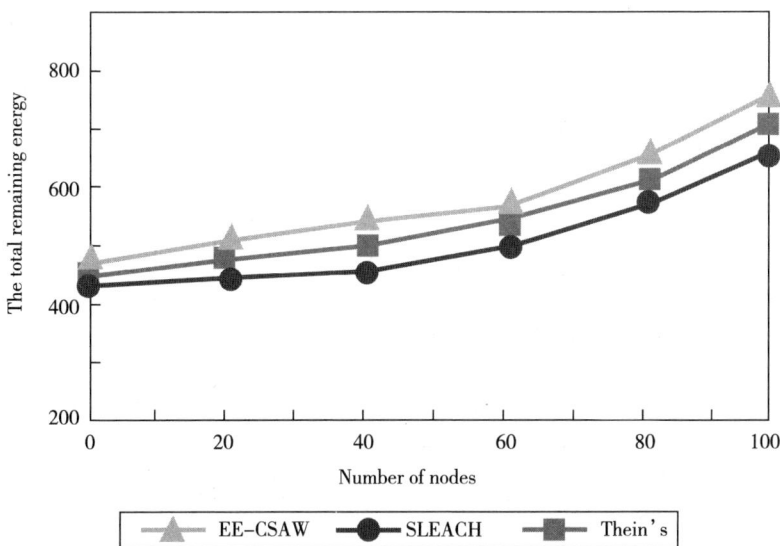

图 2 - 18　簇的能源消耗的变化

移动簇首生命期也是衡量移动簇性能好坏的重要参数，图 2 - 19 显示当移动节点数量增加时，移动簇首生命期也随着增长。在图 2 - 19 中，EE - CSAW算法的平均移动簇首寿命比 SLEACH 算法和 Thein 算法的平均移动簇首寿命长 10% ~ 20%，随着移动节点数量的增加，移动簇首也相应增加，EE - CSAW 算法对延长移动簇首生命期的优势变得越来越明显。从图 2 - 19 中可以看出，SLEACH 算法和 Thein 算法的簇首生命期明显比 EE - CSAW 短。

可以通过移动通信网络的平均生命期来确定网络性能的好坏。图 2 - 20 为 3 个算法在移动节点数量不断增多时，移动无线网络平均生命期的比较。从图 2 - 20 中可以看出，当节点数从 0 增加到 100 时，EE - CSAW 算法的网络平均生命期最长。在 SLEACH 算法和 Thein 算法中，数据分组的传输主要依赖最优路径，而备选路径仅在主路径上的节点失败时才使用。最优路径中的移动节点会由于耗尽能量而快速死亡。因此，SLEACH 算法和 Thein 算法的网络平均生命期是比较短的。

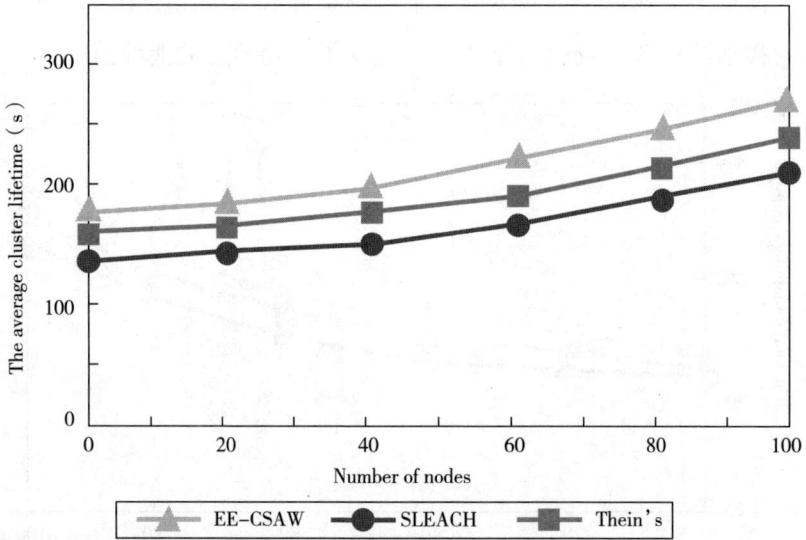

图2-19　簇首生命期的比较

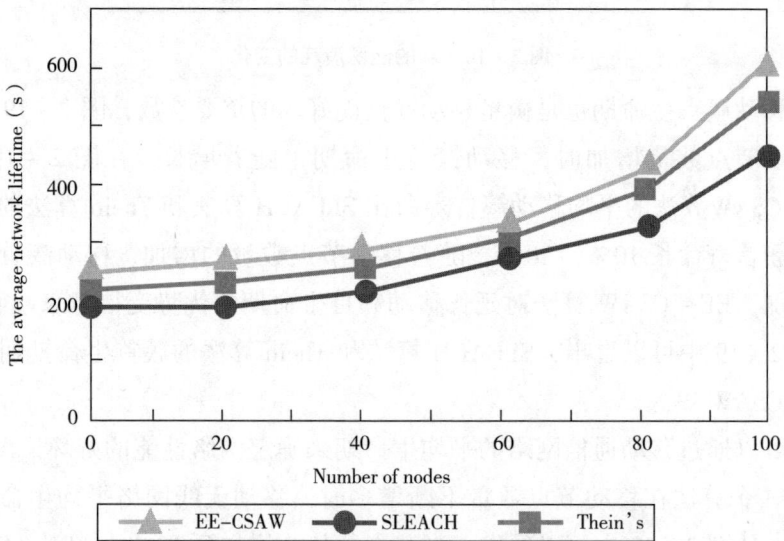

图2-20　网络平均生命期的比较

2.5 大数据环境下海量数据处理的研究

　　随着手机支付的数据量越来越大，其支付的数据存储、数据的结构化特性等问题比较突出，手机支付的数据结构、存储方式、数据的存储安全等特性毫无疑问地受到越来越多的重视。如果用具体数字来描述手机支付的数据存储特性，从我们的研究来看，目前国内的移动金融支付数据量每月已经达到1TB。如此庞大的移动金融支付数据资源孕育着巨大"数据财富"。根据国际数据公司的调查及本书的研究结果，2016 年全球、国内产生的数据中有96%的数据被认定为是安全、可靠的数据，高达4%的数据被认为是不安全、不可靠或者缺少信任的数据。于是，各国政府、银行业和移动通信公司等相关研究人员都纷纷聚焦于高效地存储和挖掘这些蕴藏在各行各业数据库中的"数据宝藏"，降低不安全、不可靠或者缺少信任的数据的发生。

　　此方面的研究工作主要是针对企业、银行业中的非结构化数据文件，对数据存储空间要求非常高，在其请求数据、查询及调用的频率要求不是非常高的应用环境下，考虑到移动处理速度和手机数据需求的平衡问题，提出了分布式云存储理论与框架，并结合移动大数据处理技术等核心技术，综合运用分布式数据库技术、移动手机统一视图中间件结构技术、并行数据挖掘服务技术、移动云计算体系结构理念等，构建了一个功能良好的海量多类型数据体系结构。该体系结构的技术特点有：（1）数据分类存储技术。该体系结构内部采用了 InfiniBand 交换技术。InfiniBand 交换技术是应用控制流和数据流分离的机制，随着移动节点规模的增加，系统的吞吐量也将呈线性增长。为解决移动手机高速移动访问等问题，数据存储的体系结构采用存储服务器负载进行自动均衡处理、数据动态伸缩架构技术来促进移动手机的高速移动访问。（2）分级存储技术。一方面运用数据生命周期存储数据管理理论，对数据进行动态分布管理来加强动态数据的变更、处理、用户对数据的访问请求等操作。另一方面运用分角色数据存储的优化技术与方法，针对移动手机用户的个性要求、习惯偏好等金融支付数据展开个性化的数据分析，结合定性、定量的数据分析方法，预测移动手机用户接下来的金融支付数据存储行为并预留足够的数据存储资源，提高金融支付数据存储服务的效率和移动服务质量。（3）访问接口设计。设计了不同数据相互分离的控制流和数据流，移动手机用户端通过主备移动节点获取要读取支付数据的元数据信息，实现支付数据的寻址与访问。

2.6　本章小结

本章主要研究了移动金融支付是借助移动通信技术平台与金融机构服务平台，以智能手机、智能终端设备作为移动终端，以移动通信网络（4G）向用户提供银行金融支付服务的一种金融服务方式。

（1）研究了移动金融支付服务质量的关键是要首先提升移动通信网络的通信质量，提高网络的数据吞吐量、数据的传输质量、延长移动网络的生命期和降低移动节点的能源消耗等。其次是提升移动金融支付机构的功能质量等。

（2）研究了移动通信网络能源消耗模型，建立了一种在移动通信网络中基于能源消耗模型的遗传算法，并通过仿真实验说明该算法可以较好地降低移动节点能量消耗、延长网络生命期和提高网络的数据分组传输率等。

（3）针对移动通信网络的多路径传输机制问题，建立了一种移动节点的能源信息熵模型，提出了一种基于能源信息熵的多路径传输算法，通过仿真实验表明，该算法可以较好地提升移动通信网络的网络生命期、降低能源消耗、提高节点的移动速度等。

（4）针对移动通信网络的移动节点的移动特性，对移动簇首节点的选择算法进行了分析与研究，建立了一种移动通信网络移动簇的结构模型，提出了一种基于能源信息熵的簇首节点选择算法，通过仿真实验表明，该算法对移动通信网络的移动簇首的平均数量、移动簇首的变化、移动簇成员的变化、移动节点的能源消耗、移动簇首生命期、网络平均生命期等方面的性能有较大的提升，可以较好地提升移动通信网络的通信质量。

第 3 章

移动金融支付顾客满意度的

相关理论模型

本章从移动金融支付顾客满意度的相关问题出发，针对移动金融支付顾客满意度的概念、顾客满意度的相关理论模型等问题进行研究与分析。首先对移动金融支付顾客满意度的概念进行描述，然后对瑞典顾客满意度指数测评模型、费耐尔模型（Fornell Model）、挪威顾客满意度指数测评模型、绩效调节模型、期望不一致模型等进行论述与分析。

3.1　顾客满意度的概念

顾客满意度就是顾客消费前对某个特定产品或服务过程抱有的期望与消费该产品或服务过程后所得到的实际感受进行比较后所产生的评价。即对产品或服务过程进行消费体验后，是否达到心理的预期，多大程度上能够给自己带来满足的感觉。

有些学者对顾客满意度的定义进行了总结，认为顾客满意度有两种定义：一种是从结果的角度进行定义，另一种是从过程的角度进行定义。前者把顾客满意度当成顾客消费或服务体验后的最终结果，是事后顾客对此次产品或服务行为的感受；顾客满意是一种心理认知状态，顾客通过对比付出和回报，判断本次产品或服务的合理性。后者认为顾客满意度应该包括整个产品或服务过程的经历，注重顾客满意产生的过程，强调促使顾客满意的感知、评价和心理过程。

顾客满意度是把顾客的满意程度量化成可以统计的指标，主要描述顾客对产品或服务过程存在的理想期望与现实感知的差别，可以用来评估顾客对产品或服务过程满意程度的高低。当顾客的现实感知大于理想期望时，顾客对产品或服务过程的满意程度就会高，因此顾客对产品或服务过程的评价高，否则顾客对产品或服务过程的评价低，甚至会产生抱怨。

根据顾客满意度和移动金融支付的概念，以顾客期望为评价标准可以将移动金融支付顾客满意度定义为：顾客将使用移动金融支付前对其金融产品或服务的期望与实际使用之后感受到的金融产品或服务质量进行比较后产生的结果，如果提供的金融产品或服务质量超过事先的期望，则顾客满意，否则就是不满意。

3.2　顾客满意度的相关理论模型

3.2.1　瑞典顾客满意度指数测评模型

美国密歇根大学的费耐尔教授与他的研究团队在瑞典建立了具有因果关系的顾客满意度指数测评模型，于是在全球范围内，瑞典是第一个开始评估顾客满意度指标的国家。1989 年，32 个行业的 100 多个公司利用该模型对顾客满意度进行了评估。图 3-1 展示了瑞典顾客满意度指数模型，它包括 5 个结构变量和 6 个关系。

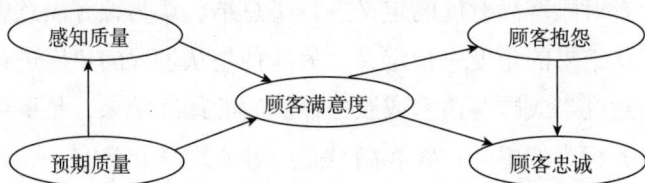

图 3-1　瑞典顾客满意度指数（SCSB）模型

（1）预期质量

消费者在购买之前已经对产品或者服务有了一定的预期，包括产品或者服务对顾客个人需求满足的程度，产品出现问题可能性的预期，以及对产品或者服务整体质量的预期。顾客的预期会直接影响顾客的感知质量、价值和顾客的满意程度。

（2）感知质量

消费者在购买了一种产品或者服务后的一段时间内会对其质量水平有真切的感受。这包括顾客个人消费需求被产品或者服务满足程度的感知质量，产品发生故障的可能性的感知质量和消费者对产品和服务的整体感知质量，顾客对消费品质量的感知、对感知价值同顾客满意程度有着直接的关系。

（3）顾客满意度

顾客满意度包含三个方面：一是消费者的理想期望与使用后对质量的感知进行比较后的满意程度；二是消费者对产品或者服务质量的感知和自己心中所期望得到的产品或服务进行比较后的满意程度；三是消费者对产品或者服务使用后的整体的满意程度，顾客的抱怨与顾客忠诚都会受到顾客满意度的直接影响。这是需要被评估的量。

（4）顾客抱怨

消费者有多种行为方式来表达不满，如退出、投诉。退出指的是消费者从此之后不会再消费该产品或该项服务；投诉指的是向产品和服务的供给公司提出自己不满的情绪，以此来获得精神上或者经济上的补偿。消费者的抱怨和忠诚度呈正相关关系的时候，说明提供产品和服务的公司能够正确地把消费者产生的抱怨转化为消费者的忠诚，而消费者的抱怨和忠诚度呈负相关关系的时候，表明消费者可能会有退出的行为，最终导致该产品或服务的市场份额降低。

（5）顾客忠诚

顾客忠诚是指用户对该产品和服务的偏爱程度。顾客忠诚包括消费者愿意再次购买该产品、消费者购买其他额外产品和服务愿望的大小，以及消费者向其家人朋友推荐该产品和服务的意愿。

3.2.2　费耐尔模型（Fornell Model）

费耐尔的满意度模型包含了美国顾客满意度指数（ACSI）模型和瑞典顾客满意度指数模型的基本测量和分析工具。在费耐尔的满意度模型中，定义了6个变量和9种相互关系，在这些结构变量中，顾客满意度的前因变量包括预期质量、感知价值与感知质量，顾客满意度取决于这3个前因变量，顾客抱怨和顾客忠诚是结果变量。3个前因变量是输入变量，顾客满意度、顾客忠诚和顾客抱怨是输出变量，如图3-2所示。

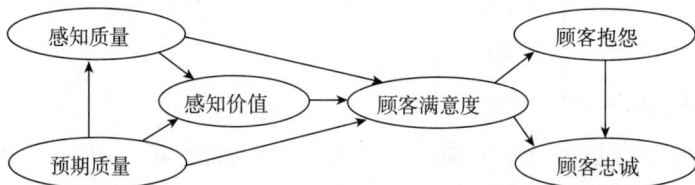

图3-2　费耐尔模型

费耐尔模型中的变量可以分为以下几个类别进行分析。

（1）满意度成因。在此模型中，顾客满意度有3个前因：感知质量、感知价值和预期质量。顾客满意度和感知质量之间的积极关系与一些营销和消费者行为分析的研究结果是一致的。顾客满意度的另一个决定因素是预期质量。而感知质量和感知价值是依据最近的顾客体验，预期质量则是参考以前所有产品或服务的购买和使用经验。

（2）满意度。顾客满意度评估通常使用一系列额外的参数，如期望的不一致、理想产品或服务的差距。测量这些参数是为了最终的估计，值得注意的是，该模型假定的3个前因都是正相关的。

（3）满意度结果。顾客满意度的结果集中于顾客抱怨和顾客忠诚上。在此模型中，顾客忠诚是主要的满意度结果，因为它的好坏可以代表盈利能力。

3.2.3　挪威顾客满意度指数测评模型

顾客满意度作为中介取决于所有的评价，其质量和价值可能会直接影响顾客的忠诚度；ACSI模型建立时，抱怨管理系统还没建立或者还只是处于起步阶段，因此顾客抱怨是顾客满意度的后果变量，而不是原因，但是随着时间的推移，学术界慢慢意识到对顾客抱怨的处理和补救服务对顾客满意度具有促进作用（Heskett等，1990；Smith等，1999），对于企业而言，抱怨本身远没有抱怨处理重要；ACSI没有独立分析企业的形象，而是加入顾客满意度、企业的品牌形象作为顾客的心理锚定点（Andreessen和Lindestad，1998），顾客满意度评价必然会影响企业的品牌形象的评价。基于上述理由，Johnson等（2001）在ACSI模型的基础上建立了挪威顾客满意度模型（Norwegian Customer Satisfaction Barometer，NCSB）。

NCSB 模型与 ACSI 模型的区别在于：（1）剔除了顾客期望对顾客满意度的影响；（2）价值被价格所取代，同时作用于顾客满意度和顾客忠诚度；（3）将抱怨处理代替顾客抱怨，也会影响顾客满意度和顾客忠诚度；（4）顾客满意度的结果新增了 3 个，即情感认同、算记性承诺、企业形象，顾客忠诚度受到满意度与这 3 个维度的共同影响。

3.2.4 绩效调节模型

顾客对产品或服务属性的评价无法解释个别属性是否重要的原因，也不能解释其性能被认为优或者劣的原因。所以，仅仅对产品或服务属性进行评价无法解释顾客的复杂心理。有些研究者强调，顾客满意度绩效分析存在重大的缺陷，他们认为绩效水平对消费者来说只是一个外部刺激。

顾客行为分析的通用模型可以认为顾客的想法是一个"黑匣子"，这意味着顾客的心理调节性能对满意度的判断有直接影响。图 3 - 3 为顾客满意度的绩效调节模型。

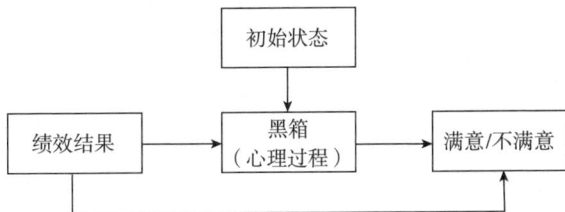

图 3 - 3　顾客满意度的绩效调节模型

3.2.5 期望不一致模型

期望模型是期望不一致模型的简称，其理论依据来自 20 世纪 70 年代的社会心理学和组织行为学。期望模型中包括期望、不一致和满意 3 个基本的变量。

顾客满意形成的过程可以通过研究顾客的心理特征和心理活动进行解释，其有两个主要的阶段：第一阶段，顾客在消费前会对商家提供的产品或服务形成一个心中的"期望"，购买后将对实际消费得到的产品或服务效果与购买前形成的期望进行对比，二者之间就会存在一定的"差距"。第二阶段，顾客开始作出"满意"判断，其满意程度是由第一阶段形成的差距情况决定的。"满意"程度有三种不同的表现：满意、适度的满意和不满意。"满意"就是实际感受的效果超过事先期望的，表现为二者之间的差距为正；"适度的满意"就是顾客实际感受到的效果与事先期望的相同，表现为二者之间的差距为零；"不满意"就是实际感受到的效果达不到事先期望的，表现为二者之间的差距为负。图 3-4 为期望不一致模型。在期望不一致模型中，主要涉及 3 个变量：期望、差距和满意。满意源于对不一致过程的评价或者感觉，它并不是比较本身（不一致过程），而是顾客对这个比较的反应，是满意的情感成分。满足感会引发顾客不同的态度和行为后果，如重复购买的意愿、口碑、品牌忠诚度等。

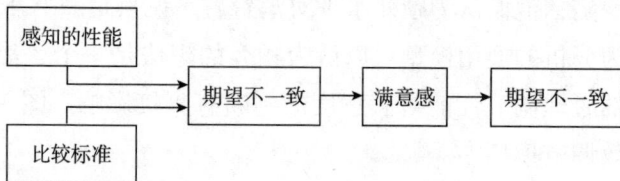

图 3-4　期望不一致模型

顾客的期望是这个满意概念的核心观念，因此称为期望不一致模型。期望不一致模型试图探索影响顾客满意评价的因素，并对其存在的因果关系进行抽象模拟。可见，顾客满意模型实际上也是一种因果关系模型，旨在进一步发现这一心理过程的因果关系。

期望不一致模型在实际中有一定的应用，表现在一些企业主要是使用它来测量顾客的满意度，但由于其自身还存在一定的缺陷、实证检验不相符等问题，有部分学者对此模型提出了质疑。一是期望不一致模型的假设前提，主要是顾客在购买产品之前对产品存在期望，由于顾客事先对产品缺乏必要的信息、知识或了解的体验，对产品的认识程度就不同，从而期望也不同；二是符合期望的顾客不一定会对产品满意。

3.2.6 国内对于顾客满意度测评指标模型的研究

国内对顾客满意度的研究起步比较晚，主要的研究工作从 2000 年开始进行，而且许多学者都在努力摸索符合我国国情的顾客满意度模型。张新安（2007）共选择了 6 个结构变量来构建顾客满意度指数模型，这些变量的选择结合了消费心理学的因素。2002 年，清华大学与中国标准化研究院合作构建了中国顾客满意度指数模型（China Customer Satisfaction Index，CCSI），中国顾客满意度模型是以 ACSI 和 ECSI 作为基础的，包括预期质量、感知价值、感知质量、满意度、顾客忠诚、顾客抱怨、企业形象 7 个结构变量。现在来看，CCSI 模型已成为我国最具影响力的顾客满意度指数模型，如图 3 - 5 所示。

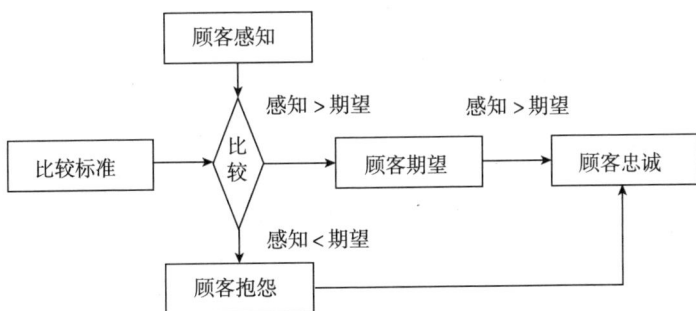

图 3 - 5　中国顾客满意度指数（CCSI）模型

刘新燕（2004）选择了 8 个结构变量来构建顾客满意度指数模型，包括顾客期望、感知质量、价格感知、顾客满意、顾客信任、顾客忠诚、顾客承诺、企业形象；2005 年以后，越来越多的学者开始从研究中国顾客满意度模型到行业和企业的应用研究。胡斌祥、严岢等（2011）基于我国轿车市场的顾客满意度现状，提出了提高顾客满意度的建议。马宝龙等（2011）构建了我国零售业顾客满意度模型和量表，并进行了实证研究。鄂勇（2008）以具体的品牌构建了该行业的顾客满意度模型，指出了该行业提高顾客满意度需要注意的问题，以后越来越多的学者开始以某行业中的品牌企业作为研究目标，进行测评并提出解决问题的方法，以及提高满意度的措施。汪莉霞等（2019）针对双边市场环境下顾客满意度的主要因素问题，构建了一种结构方程模型（SEM），通过实证研究表明：一是顾客满意度受多种因素影响；二是顾客对双边市场平台的忠诚度也可以通过提升顾客满意度来实现；三是需要提高平台的服务质量；四是提高企业在行业内的竞争力等。王宇（2019）综合运用问卷调查法和 SPSS 数据分析等方法，从顾客的消费行为和满意度出发，从网络银行用户的群体特征、行为特征、影响顾客使用产品与服务的特性等方面对顾客的影响因素和满意度进行了分析研究，提出了在互联网金融环境中提高网络银行顾客数量的营销策略。

施晓婷等从心理学的角度出发，基于前人对顾客满意度的研究，结合移动金融支付的特点，建立了包括易用性、功能性、响应性、安全性、有形性 5 个预测变量的移动金融支付顾客满意度模型，顾客满意度为结果变量。图 3 - 6 展示了移动金融支付顾客满意度。

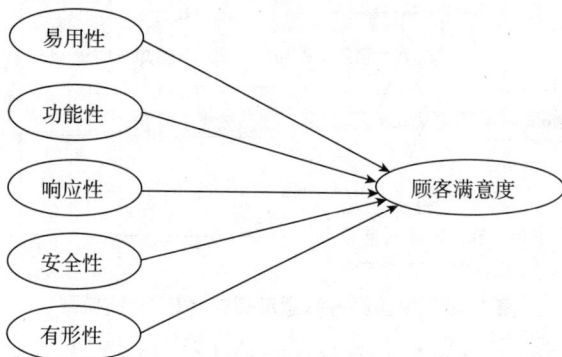

图 3 - 6　移动金融支付顾客满意度模型

乔韶（2018）以××银行为研究对象，对××银行移动金融支付的推出背景及发展现状进行了分析，结合银行业竞争力理论、互联网金融理论、客户满意度的相关理论和方法，对移动金融支付的满意度构建模型进行了实证分析研究。

从顾客满意度概念的引入到现在，虽然发展很快，但是依然存在很多的问题：第一，对顾客满意度的原创研究较少，大多数学者建立的模型都是对美国和欧洲模型的复制和简单的修改，缺少对其形成机制的研究。东西方文化背景、风俗人情的差异，导致消费者的消费行为、心理特征以及规律的巨大差异，所以对国外研究成果的照搬照抄很难适用于我国的情况，也就难以得出令人折服的结论。第二，还没有建立统一标准的顾客满意度指数模型和评价指标体系。虽然不同的学者分别建立了不同企业或者行业的评价指标体系，但是各行各业、企业度量顾客满意度却有很大的差别。由于在行业与企业、企业间以及行业间的顾客满意度无法进行比较，因此未形成公认的顾客满意度指数模型和评价的指标体系。

3.3　顾客满意度与服务质量的关系

在过去几十年里，顾客满意度和服务质量之间的关系一直存在着相当大的争议。事实上，研究发现以两种观点为主：一种观点认为，顾客满意度是服务质量的一个前提。顾客满意就会影响顾客的态度，顾客的态度又对评估服务质量具有重要影响，因为它是对某产品或服务的一种整体评估，必然受到顾客态度的影响，因此顾客满意度会影响服务质量的评价。另一种观点认为，服务质量是顾客满意度的前提，提出了顾客消费的心理过程——顾客消费必须先有消费的欲望，进行消费的过程中享受到的服务质量会给顾客带来相应的满意感受，而顾客满意就会产生再次购买的行为。

服务质量和顾客满意度二者之间的关系还没有明确的结论，但是近年来，大部分学者都认同服务质量是顾客满意的前提，服务质量越高，顾客满意度也越高。

3.4　本章小结

本章从移动金融支付顾客满意度的相关问题出发，针对移动金融支付顾客满意度的概念、顾客满意度的相关理论模型等问题进行研究与分析，论述了顾客满意度与服务质量对移动金融支付顾客满意度具有重要的促进作用。

第 4 章

**移动金融支付用户采纳
影响因素的理论基础**

近几年来，学者们提出了许多针对新技术应用采纳的相关理论与模型，这些研究较好地围绕新技术使用率的不确定性，许多模型也较好地回答了与新技术应用采纳相关的疑问。本章从模型构建、影响因素选择、量表设计方面，参考大量相关文献，对移动金融支付用户采纳影响因素的相关理论进行论述。本章主要的移动金融支付用户采纳影响因素的模型有：技术接受模型（TAM）、整合型用户接受与使用模型（UTAUT）、理性行为理论模型（TRAM）、计划行为理论模型（TPB）等，最后从内涵和维度两方面介绍感知风险理论。

4.1　技术接受模型

评估和预测用户对新技术的接受程度可以较好地评价新技术，各种评估和预测模型已被学者们提出。1996 年，Davis（1996）等学者针对 20 世纪 80 年代中期加拿大 IT 公司的发展，需要对当时在多媒体、图像处理和基于手写笔的计算领域中出现的各种基于 PC 的应用程序的市场潜力进行评估与预测，以指导新产品开发投资，并结合人在社会心理学中的理性行为理论，对"态度—行为—意向"之间的关系进行延伸研究，提出了将感知易用性和感知有用性作为技术接受模型（Technology Acceptance Model，TAM）的两个重要核心思想。TAM 模型可以较好地反映一个人对新技术的接受程度或服务的倾向，可以通过这个人的内在信念、个人态度、外部变量及个人行为意向等来预测和判断个人的接受程度。经过近几年的研究发现，用户的个人态度对使用意向会产生重要的影响，而使用意向又可以促进个人行为意向的形成，同时进一步说明应用软件的功能性、方便性、易操作性等也对用户的使用意向产生了很大的影响。研究还验证了感知有用性可以通过使用态度来影响使用意向性，还与使用意向成正比，而感知易用性也与感知有用性成正比。图 4 - 1 为技术接受模型框架。

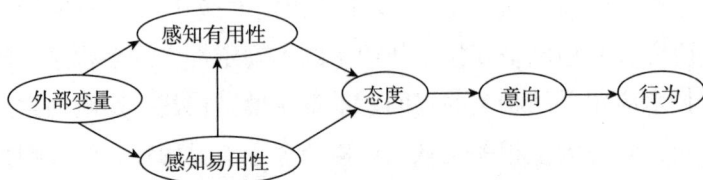

图 4 - 1　技术接受模型框架

TAM 已被证明是信息系统文献中预测用户接受度和使用行为最有效的模型之一。技术接受模型自从被提出以来，就得到各个领域学者的深入研究与广泛应用，特别是在移动金融服务领域、移动通信运营商增值服务领域等。在对 TAM 进行研究的过程中，通过对 TAM 进行适当的扩充和修正后发现，用户对于新技术的接受程度得到了较好的提升，同时也验证了TAM 对于不同的技术环境都会有较好的适应性和稳定性支持。而吴晓云等（2008）学者运用 TAM 对网络银行以及移动服务采纳情况进行了研究，证实其具有良好的解释力。由于移动金融支付主要是基于 3G、4G 移动通信技术，消费者使用手机支付的研究是最近才开始的。由于移动金融支付系统的多样性，大多数研究都集中在影响采用单一支付系统的因素上。研究往往使用最突出的理论和模型的变量，如技术接受模型（TAM）及技术接受和使用的统一理论。

Ramkumar 等（2019）学者对技术接受模型（TAM）进行了扩展研究，并在新技术应用采购服务的背景下考虑了 TAM 模型的质量问题，提出了质量技术接受模型（Q - TAM）。Q - TAM 的理论发展和实证检验突出了质量在推动新技术应用采购服务持续使用中的重要作用，有助于促进移动通信技术、供应链、人工智能、区块链以及质量文献的应用研究。对该模型的研究结论有助于高层管理人员了解新技术应用采购服务的持续意图。图 4 - 2 为 Q - TAM 的框架。

信息流质量。预订阶段可能有助于系统质量的特征，包括在线信息质量和健壮性订单过程，这两个要素都是信息流质量要素。后订单阶段的特征包括完成订单的准确性和完成订单的及时性，两者都是物流履行质量的要素。

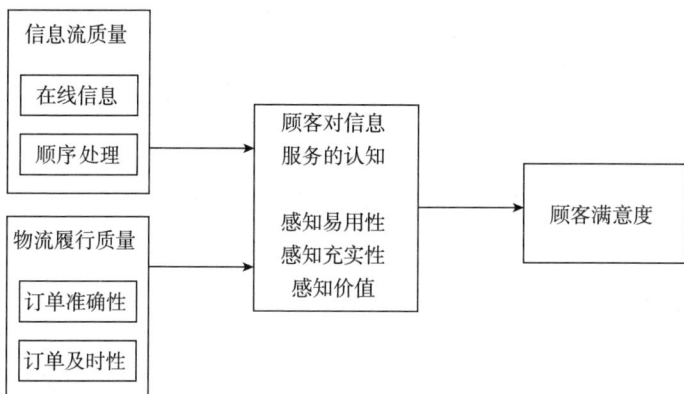

图 4 - 2　质量技术接受模型框架

在线信息质量。在线信息质量应该促进组织购买者对电子采购服务的感知有用性，基于这样一种易于处理的期望，相关信息将对提高工作绩效有价值。

结论：在线信息质量与组织购买者的感知易用性、感知有用性和感知电子采购服务的价值正相关。

订单过程。订单过程是资源的象征，应该增强组织购买者对新技术服务的认知。因此，健全和直接的订单过程应该有助于个人买家更容易地使用该系统。此外，如果订单过程可靠和可以理解，预期新技术服务将有更大的价值，这将建立人们对金融体系的信心。

结论：稳健的订单过程与组织购买者对新技术服务的易用性、有用性和价值的感知正相关。

物流履行质量。在物流履行质量（履行订单的准确性和及时性）和持续意图之间的联系中，感知易用性、感知有用性和感知价值的中介作用可以有相关的论据。这种系统资源的存在带来的更高的履行订单的准确性和及时性肯定会影响用户满意度。具体来说，只有当这些良好技术、稳定的系统功能能够为参与者带来收益时，它们对用户满意度的影响才会最大。

当物流履行质量精度很高时，客户就能够认为新技术服务更容易使用，相关的参数评价效率就高。此外，由于切换到新技术服务系统时可能会有显著的性能改进，物流履行质量应该会产生更好的新技术服务的感知价值。

结论：物流履行质量与组织购买者的感知易用性、感知有用性和感知的新技术服务价值正相关。

履行订单的及时性。履行订单的及时性是指产品在承诺日期交付的程度，从下单到收到订单所花费的时间，以及缺货（或短时间）的程度。履行订单的及时性可以看作是来自新技术服务系统的有价值属性。

在履行订单的及时性上取得的巨大成果，有可能无法通过其他方式轻易复制，可以视为不可替代性。履行订单的及时性可以定位为新技术服务质量所产生的资源。新技术解决方案提供了基于改进流程的增强技术，并确保所有相关方都了解与其行动相关的活动。因此，有效的决策可以随之而来，从而增强协调，并最终实现履行订单的及时性。将履行订单的及时性与组织购买者对新技术服务的感知联系起来，可以认为，随着及时性维度的表现提高，组织购买者对新技术服务的易用性、有用性和价值感知也会增加。同样，履行订单的及时性也增加了组织购买者对新技术服务的感知有用性，这是基于组织购买者可能有更好的工作表现。此外，履行订单的及时性越好，这些服务所产生的感知价值就越大。

结论：履行订单的及时性与组织购买者的感知易用性、感知有用性和感知的新技术服务价值正相关。

Davis 和 Venkatesh 以及其他学者对 TAM 进行了扩展延伸和修正工作，并将延伸和修正后的 TAM 模型命名为 TAM2 模型，即第二代技术接受模型（TAM2 模型）。TAM2 模型的主要特点可概括为新引入了认知工具过程（Cognitive Instrumental Process）和社会影响因素（Social Influence Process）这两个因素。认知工具过程包括：工作相关性（Job Relevance）、产品质量性（Output Quality）、结果明确性（Result Demonstrability）、主观规范性（Subjective Normalization）、映像维护性（Image Maintenance）。

产品质量性是指主观上认为该技术能发挥的作用大小。结果明确性是指技术所呈现的能被个人感知和接触到的效果。图 4 - 3 为 TAM2 模型的框架。

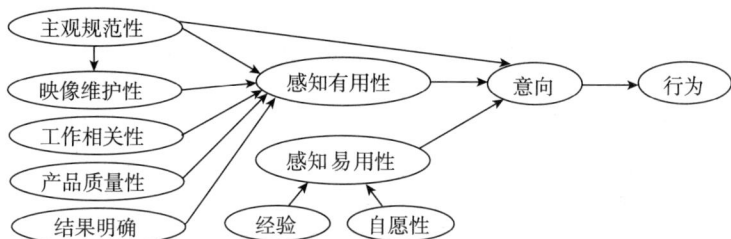

图 4 - 3   TAM2 框架

4.2   整合型技术接受和使用模型相关理论

Davis 和 Venkatesh 等学者在对现在的模型理论进行研究的过程中，为了能够全面地涵盖以往理论中出现的影响因素，提出了整合型技术接受和使用模型（Unified Theory of Acceptance and Use of Technology，UTAUT 模型），UTAUT 模型是技术接受研究模型中理论水平较高、影响较大的模型。UTAUT 模型是一个预测系统接受度和使用情况的精确模型，具体原因：第一，UTAUT 模型由 8 个统一的理论和模型组成，结合了各种理论概念和框架。第二，学者们获得了跨上下文和跨时间的 UTAUT 模型的实证支持。第三，有多种应用程序支持 UTAUT 预测用户行为的有效性。其中，包括无线局域网技术。第四，研究发现 UTAUT 成功地解释了 IT 使用行为中的很大一部分差异。

UTAUT 模型已经被各种信息系统研究者研究过，他们对用户的接受和使用行为（Alharbi，2014），以及个人（绩效预期和努力预期）、组织（便利条件）和社会（社会影响）层面的各种特征进行了综合研究。一方面，UTAUT 模型没有研究任务技术拟合结构，即该模型在多大程度上适合个人的需要和任务。另一方面是关于组织内的技术使用情况，实际的移动通信技术、互联网技术等使用情况并没有提供完整的情况，没有考虑该模型是否适合各种单独的任务。UTAUT 模型包含绩效期望、努力期望、社群影响和促成条件4个决定使用意图与使用行为的核心因素和年龄、性别、经验、自愿性4个调节变量，其结构如图4-4所示。

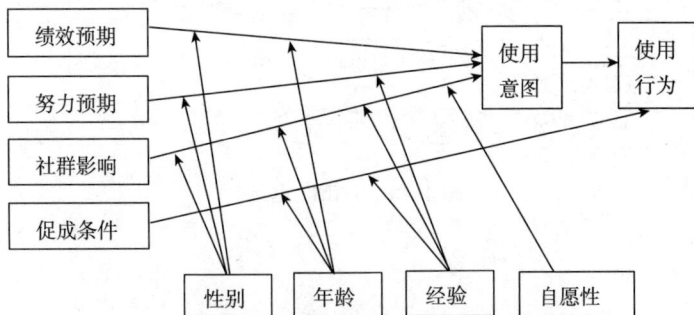

图4-4 整合型技术接受和使用模型

（1）绩效预期相当于TAM模型中的有用认知性，它是指个人预期中新技术可以给他的工作带来工作绩效的程度，它和社群影响、努力期望等一起通过使用意图来影响个人行为特征，它受到性别、年龄这两个调节变量的影响。（2）努力预期则相当于TAM模型中的易用认知性，它是指个人预期使用新技术需要付出的个人努力程度，它受到性别、经验这两个调节变量的限制。（3）社群影响是指行为人感觉到群体中某个人对他的某种行为感知的影响，它受到性别、年龄、经验和自愿性4个调节变量的影响。（4）促成条件是指个人感知组织环境、新技术条件等是否能支撑新技术的使用，它直接对个人行为产生影响，受到年龄和经验两个调节变量对其进行调节处理的影响。

此外，UTAUT模型并不像客户满意度或性能效果那样评估技术使用情况。许多研究强调了基于性能和用户满意度调查信息系统成功与否的重要性（Montesdioca，2015）。早期的报告指出，信息技术的采用和使用只调查了实际的Internet使用情况作为结果结构（Y. M. Cheng，2014）。

在过去的几年里，互联网在许多国家的使用越来越多，改变了人们社交、学习、管理或做生意的方式。Isaac（2019）等学者已经进行了大量的理论研究，试图了解技术使用的模糊性，并提出了使用一个先行变量来扩展UTAUT模型的方法（E-UTAUT），以适应实际的互联网使用以及4个结果变量（决策质量、沟通质量、知识获取和用户满意度）。

E – UTAUT 模型可以实现两个目标：一是检查社会影响，主要描述预期寿命、性能寿命、促进条件等在互联网上和任务技术实际使用中的情况；二是确定实际互联网使用的影响（决策质量、通信质量、知识获取和用户满意度）。研究结果表明，E – UTAUT 模型的变量对实际互联网使用有显著影响，并对互联网技术的有效使用提出了进一步的建议。E – UTAUT模型如图 4 – 5 所示。

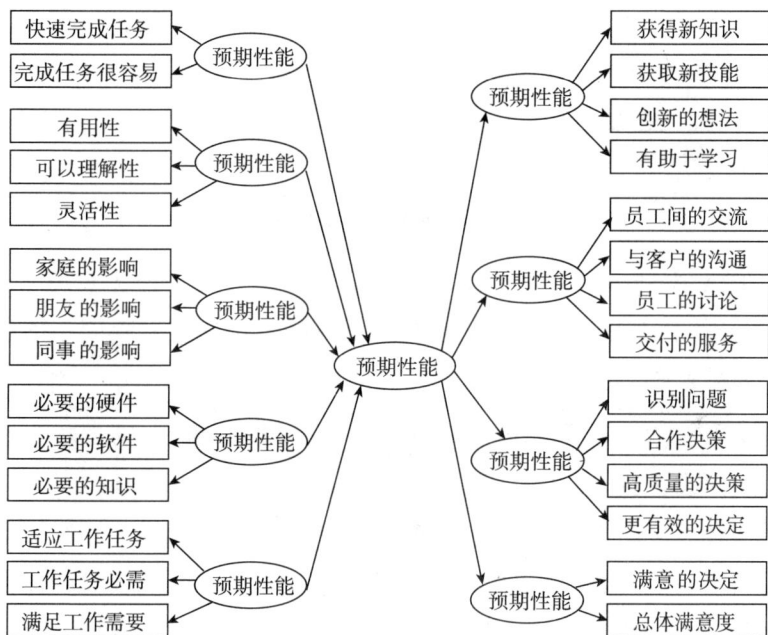

图 4 – 5　E – UTAUT 模型

4.3　理性行为理论模型

1975 年，美国学者 Fishbein 和 Ajzen 在社会心理学的基础上首次提出了理性行为理论（Theory of Reasoned Action，TRA），TRA 的核心思想表现：人是理性的，个体的实际行为在某种程度上是由行为意向决定的，而行为意向又是由个体对实际行为的态度和主观规范决定的。该理论论述了用户对实际行为决定的形成过程以及态度、意向和行为之间的关系，为预测和解释用户的行为态度提供了一种可行的理论方法。如图 4-6 为理性行为理论的框架。

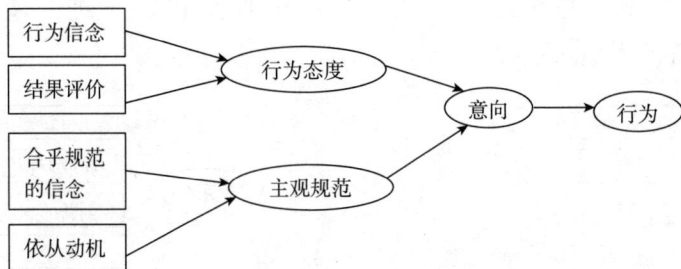

图 4-6　理性行为理论框架

在 TRA 模型中，各个变量的意义可表示为：（1）行为意愿（Behavioral Intention）是指个体愿意从事某一行为的意识强度，它同个体行为之间存在着最直接、最紧密的关系，即只要个体行为意愿为正，则其个体行为就能实现。（2）行为态度（Attitude Toward Behavior）则表示个体对某一行为正面或者负面的评价或感受，更具体地说，是指个体对某一行为的结果感知及对该结果进行评价的函数。行为态度通常由"行为信念"和"结果评价"两个影响因素组成；行为信念（Beliefs）是指对个体行为所产生的行为结果的预判，结果评价（Evaluations）则可以看成是对所产生的行为结果的"好"与"坏"的主观感受。（3）主观规范（Subjective Norm）是指行为个体感觉到重要的人对他的行为的影响程度。主观规范通常由合乎规范的信念（Norm Active Beliefs）和依从的动机（Motivation to Comply）两个影响因素组成；合乎规范的信念是指群体中大多数人对个体是否执行相应行为的期望，依从的动机是指个体跟从大多数人提出的建议的遵从程度。此外，个体特征、任务特征、系统特征等变量可以看作是外部变量，它们主要是通过直接或间接的行为态度和主观规范来影响个体行为。

理性行为理论模型的基本思路是，个体意向正向决定了个体行为，个体意向又由行为态度和主观规范两者共同决定。具体地说就是，个体产生行为之前的行为态度越积极，主观规范越强烈，个体产生某种行为的意向就越强烈，最终促成该行为的实现。理性行为理论隐含了"人有完全控制自己行为的能力"这一重要的假设，但是个体行为往往会受到众多因素的影响，而在诸多因素的综合作用下，个体常常无法完全控制自己的行为，所以该理论在一定环境下存在缺陷，需要进一步完善和改进，以增强模型的预测力和适用性（陈姝，2017）。

陶良虎（2019）等针对我国"五位一体"的经济发展格局及生态文明硬约束下的产业发展无法给出准确解释的实际情况，提出以"产业政策为引导作用，产业发展内生动力为决定作用，社会监督为促进作用"等为主的三要素作用，促进和发展了理性行为理论模型，将理性行为理论模型拓展为涵盖七类假设为主的行为与结果之间的关系结构。图4-7为基于理性行为理论和生态文明的产业结构理论框架图。

从图4-7来看，产业结构形成的理论框架可分为四层。内部压力和外部压力这两个变量称为最内层（第一层）；态度和主观准则这两个变量称为次内层（第二层）；行为意向这个变量称为次外层（第三层）；行为这个变量称为最外层（第四层）。形成机制和路径通常由第一层通过第二层传导到第三层，再由第三层影响最外的第四层，此过程不具有逆向特征，仅有正向传导机制。

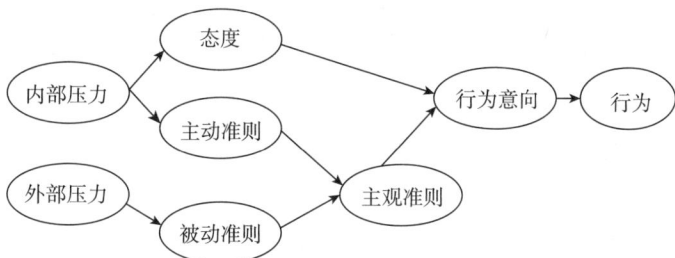

图4-7 基于理性行为理论和生态文明的产业结构理论框架

刘百灵等（2017）针对理性行为理论和公平理论模型相关问题进行了研究。一是以用户的积极性与消极性态度为中介的相关问题，构建了基于移动用户购物特性及个人信息披露意愿的影响因素模型，并采用结构方程模型方法进行了实证分析。二是从公平理论模型的视角出发，构建了移动用户购物特性及用户的公平感知对个人信息披露意愿的影响机理模型。

基于理性行为理论和生态文明的产业结构理论框架具有五大特征：一是在最内层中，内部压力的影响程度大于外部压力的影响程度；二是在次内层中，主动准则的权重系数要高于被动准则的权重系数，被动准则的作用权重在逐步提高；三是态度对行为意向的影响程度大于主观准则对行为意向的影响程度；四是生态文明的内生约束不具有持续性，社会监管的内生约束也不具有显著的持续性；五是最终行为趋向于二元结构，也可以认为中度能耗与中度污染的产业与低度能耗与低度污染的产业将会并存。

4.4 计划行为理论模型

理性行为理论最大的假设前提是"人是理性的"。然而事实是，绝对理性人在现实生活中是不存在的。Ajzen 研究发现，理性行为理论存在两个重要的缺陷：第一，除了行为态度和主观规范外，也许还存在其他一些影响个人行为的因素；第二，如果个人无法决定自己的意愿或者个人意愿无法促成自己的行为，理性行为理论就无法解释个人行为。在考虑了以上两点之后，Ajzen 以理性行为理论为基础发表了计划行为理论。图 4 - 8 为计划行为理论的框架。

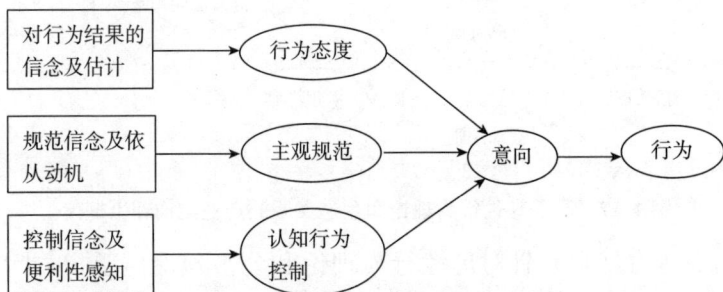

图 4 - 8 计划行为理论框架

计划行为理论与理性行为理论最大的区别就是，Ajzen 在行为态度和主观规范之外，又加入了新的变量——认知行为控制，这三者共同对行为意愿产生正的影响，即认知行为控制越强烈，个人行为意向就越强烈。

4.5 感知风险理论

4.5.1 感知风险的概念

感知风险是指顾客对某事件认识的不确定性及不良影响的感知程度。也可以认为是顾客事先对所购产品的好坏及在购买后可能带来的不利后果所产生的不确定性感觉。Schmitt（2002）和 LaSalle（2003）认为，感知风险就是顾客或消费者在追求某个目标的过程中所产生的不确定性损失。

可以说，感知风险主要是指顾客或消费者对所购产品好坏的主观感受，有别于风险的客观存在性、风险的大小等。如果顾客或消费者在购买产品时感受到这种风险存在，就会产生消极的心理状态；如果顾客或消费者在购买产品时没有感受到风险存在，则其行为就不受影响。

4.5.2 感知风险的模型

通过对移动金融支付的研究，移动金融支付的风险维度将依据移动金融支付的环境及应用不同而有所不同。根据目前移动金融支付的环境不同，可用五个维度来进行分析。移动金融支付感知风险五个维度的关系如图 4-9 所示。

由于移动金融支付自身的特殊性，金融产品或服务的功能和绩效主要是为用户带来使用上的快捷性、时效性等。通过研究可以认为，便利、时间风险通常指的是移动金融支付用户对熟悉和运用移动金融支付系统所投入的时间和精力等。在移动金融支付领域，心理风险往往与移动通信技术、移动金融支付的安全性密切相关。从而有如下关系：时间风险对感知风险呈正相关关系；资金风险对感知风险呈正相关关系；绩效风险对感知风险呈正相关关系；心理风险对感知风险呈正相关关系；隐私风险对感知风险呈正相关关系。

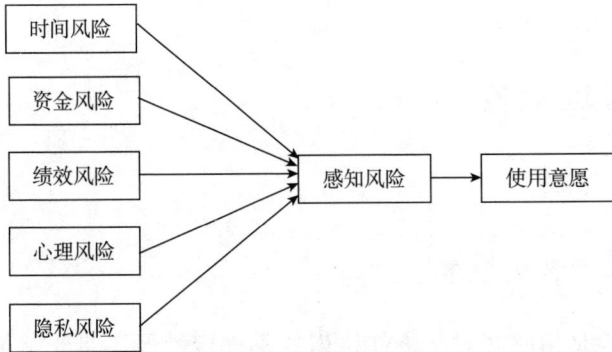

图 4 – 9 感知风险模型

综上所述，感知风险理论在实际应用过程中有两层递进关系。一是移动金融支付用户无法精准判别其金融支付行为将引起的后果，如金融支付导致的不良后果。二是移动金融支付用户对于金融支付不良后果的承受能力。如在进行金融支付的过程中，移动金融支付用户无法对金融支付的结果进行精准判别，金融支付可能会成功，也可能会失败。移动金融支付感知风险具有主观性，移动金融支付用户的社会经验和文化背景不同也会造成感知风险的度量不同，对风险的承受能力也就会不同。

4.6 客户体验研究

4.6.1 客户体验的概念

客户体验，也叫用户体验。顾名思义，就是用户使用商品后最直接的感受。这种感受包括操作习惯、使用后的心理想法等，即客户只有参与其中才能获得的美好感觉。客户体验在互联产业中得到了极高的重视，并衍生了一种新兴的职业——交互设计师，在一些公司中还配置了首席体验官。

客户体验参与可以分为主动体验参与和被动体验参与两种形式，而在主动体验参与中，呼叫产业中的客户体验、产品销售、客服工作及售后服务都有很大的潜在效益，主动服务投入的边缘效益高，可实现用户、产品客服的共赢。体验类型分为娱乐体验、教育体验、遁世体验和审美体验等。Schmitt（2002）提出了客户整体体验的概念，客户整体体验包含了感官、情感、认知、身体和社会身份五种体验，强调了消费体验的重要性。LaSalle 等（2003）则认为，客户体验是一个或者一系列的客户与产品、公司、公司相关代表之间的互动，这些互动会造就一些反应。如果反应是正面的，就会使客户认可产品或服务的价值。Philipp 等（2013）将客户体验定义为，客户的认知和客户对参与公司购买行为所有直接相关和间接相关的事物的评价。

赵冀梅、张季芳（2014）认为，客户体验是客户在与服务提供者互动过程中每个接触点的感受，抓住与客户互动的每一个接触点就抓住了客户体验，将客户体验分为服务体验和产品体验，重点关注的是银行服务体验；提出了分级建立客户满意度调查和微创新激励制度与修正买单制。张雪陶、罗思（2015）将网上银行客户体验分为感性刺激和理性感悟。郑锐洪、杨蕾（2012）认为，顾客体验价值的形成与实现主要通过"免费体验"和"付费体验"两条途径来完成，"歉疚感"和"愉悦感"是其中的关键要素。

4.6.2 客户体验形成机理模型

顾客消费层次由低到高分别为产品、服务、环境和体验，其作用的原理为边际效应递减规律（2006）。层次最低的为产品，当产品供不应求时，产品成为顾客最关注的价值要素；当产品消费达到饱和时，此时产品的边际效应处于递减阶段，而处于边际效应递增的服务成为顾客追求的价值要素；当服务水平达到饱和时，环境消费成为顾客最关心的价值要素；当环境消费趋于饱和后，体验消费成为新的经济增长点。因此，体验、环境、服务和产品消费的逐级替代性是边际效用递减起作用的结果。随着顾客收入水平的增加，对消费价值要素的需求也就越多，这与马斯洛需求层次理论由低到高的层次需求具有高度的一致性。客户体验形成机理模型如图 4－10 所示。

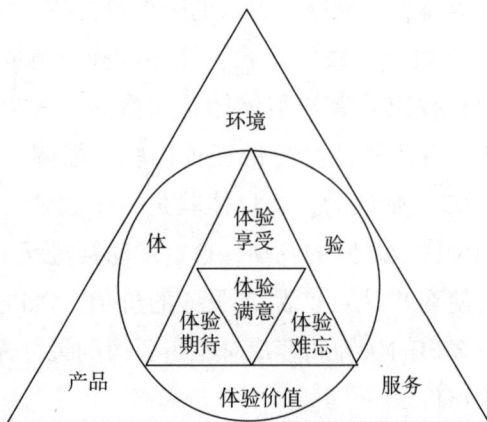

图 4－10　客户体验形成机理模型

4.6.3　顾客体验价值层次模型

顾客价值层次模型（2006）可以较好地认证顾客是如何感知企业所提供的价值这一体验问题。体验价值层次模型是将与体验相关的因素加入顾客价值层次模型中形成的，也是对顾客价值层次模型的延展。体验价值层次模型由四个层次组成，最下层是顾客对产品质量、服务等属性效能的体验情况，对这些属性的体验形成具体的期望结果，再根据这个结果对客户目标的实现形成期望，从而形成客户自我实现的期望目标；从最高层向下看，顾客首先依据价值观与自我实现愿望确定消费目标，然后确定各个产品属性的期望权重，最终确定属性（包括体验情境）的相对重要性。图 4－11 为顾客体验价值层次模型的结构图。

不可否认的是，要给客户完美体验并非易事。但是，企业不妨去寻找一些新颖的方式来提升端对端客户体验。以下有 9 个诀窍可供参考。

（1）了解你的客户

客户知道什么是好的服务。他们希望通过自己喜欢的渠道，在每次与企业的交互中都得到好的服务。根据美国市场研究机构 Forrester 的调查数据，客户通常喜欢通过电话来与企业沟通，其次是电子邮件和网络自助服务。同样，我们也通过客户统计数据发现，就沟通渠道而言，不同的人有不同的偏好。例如，年轻人更喜欢使用点对点的交流方式、社会网络和类似于聊天性质的即时服务渠道，所以企业必须提供这些技术支持。你要了解客户的特征和偏好，确保可以用他们喜好的方式与其进行沟通。

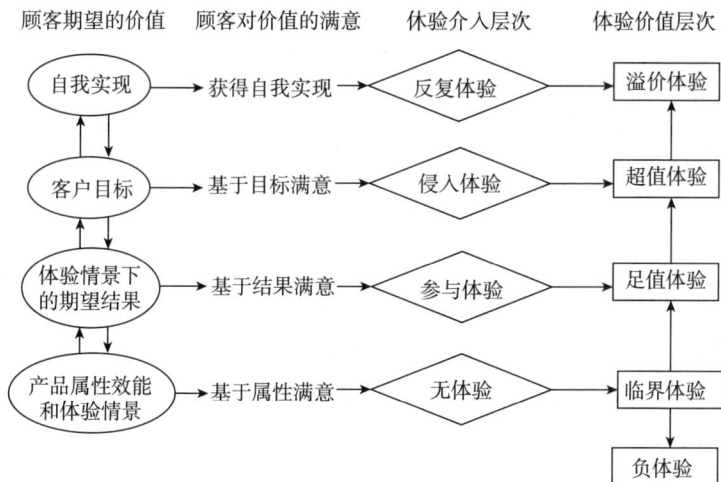

图 4 - 11　顾客体验价值层次模型结构

（2）服务要与品牌相符合

忠诚于自身品牌很重要。你给客户提供的服务体验也要支持公司自身的价值定位。在这个信息爆炸的时代，让客户了解你的企业定位格外重要。同时，一个品牌代表了它未来的商场地位。根据品牌，让人一眼就能了解其服务内容，这是很重要的。

（3）整合交流渠道

在企业的服务体系内，客户与企业的交流不应仅限于某个单一渠道，要能通过某个交流渠道开始，再通过另一个交流渠道完成。例如，客户可以从打电话询问开始，而后从邮件中得到更多相关的细节信息。

要想让客户有这样的体验，企业所提供的交流渠道必须相互贯通，不可相互独立。这样客服代表既能通过传统渠道，也能通过社会渠道，完整把握客户与企业的交流。并且，如果客户最早是在网络自助服务系统提出服务要求的，客服代表也应该能看到整个处理的历史记录，这样他们就不用重复询问或调查，从而不至于降低客户满意度。

（4）整合客户服务体系与其他应用程序

客服代表必须要在差不多 20 个不同的应用程序中检索客户所需要的信息，这样一来，增加处理问题的时间肯定就不可避免了，结果就是客户相当不满。

客户服务体系不应仅仅只是一个为客户提供信息、解决问题的数据库的前台，而是应该与后台的应用程序整合在一起的。这样客服代表才可以更快、更准确地回答客户的疑问。

（5）明确何为优质的服务体验

客服代表常常不按相同的客户服务应用程序行事，这样就影响了客服代表之间的一致性，导致很高的人事变动率。有一个解决的方法，就是将业务流程管理应用到客户服务中。客服代表根据屏幕上的信息行事，屏幕上面会显示与客户需求相符的信息，并能保证其服务与企业政策相符合。

（6）客户体验至上

让客户对服务有一定的期望值，并提供相应的、能达到该期望值的服务，这一点很重要，因为这能建立客户对企业的信任感。

同样，企业也应该积极主动地为客户提供服务，如主动发送服务提醒和解决常见问题的方法，让客户自己确认在哪些情况下他们希望被告知。这种沟通能让客户群更稳定。

（7）关注企业的知识战略

一个好的知识流程是优质服务的核心因素。网络自助服务是必需的，并且客户通过各个交流渠道联系到的客服代表必须保持一致的"口径"，这可以保证解答的连贯和准确。

将相关的知识联系在一起是一件任重道远的工作。方法之一就是让客服代表标记出不准确、不完整的内容，或者是用自动化的工具将最常碰到的内容放到常见问题表（FAQ）的最顶部。

（8）用2.0网络工具来管理客户群

还有一个常见的策略就是建立论坛，从而建立起点对点的交流，让客户可以进行自助服务，同时缓解客服中心的压力。至于没有得到解决的问题，客户可以继续向客服代表提出。除了知识库以外，在论坛上出现的各种讨论帖也是很好的资源。

（9）倾听客户的声音

聪明的企业会在每次沟通后收集客户的反馈，并通过一些开放性的问题征求他们的真实意见。它们会在所有用户可见的知识库中附上反馈表格，让用户来评价这些解决方案，然后用收集到的反馈来优化自身的服务。

4.7　本章小结

本章从移动金融支付用户采纳影响的角度对相关理论与模型进行了研究，论述了技术接受模型（TAM）、整合型用户接受与使用模型（UTA-UT）、理性行为理论模型（TRAM）、计划行为理论模型（TPB）、感知风险理论模型以及客户体验模型等，这些相关理论与模型对移动金融支付用户采纳影响具有重要的作用。

第 5 章

移动金融支付的金融风险与
金融支付系统的构架

5.1 银行业的系统性风险分析

系统性风险也称市场风险，是指由整体政治、经济和社会等诸多环境因素对证券价格所造成的影响。系统性风险可以包括政策风险、汇率风险、利率风险、经济周期性波动风险、购买力风险以及信任风险等。银行业系统性风险也可以定义为外部诸多环境因素的影响、宏观冲击或者某个突发事件对银行业金融体系造成负面影响的可能性，这些因素以同样的方式会对所有证券业、银行业的收益产生影响。银行业系统性风险可以给出广义和狭义两种定义：广义的银行业系统性风险是指受外部环境因素的影响，导致银行体系资金融通等基本功能丧失的可能性，狭义的银行业系统性风险是由于个别金融机构的负面影响造成其他银行经营受到影响，从而导致银行体系的基本功能丧失的可能性。系统性风险可以用多种评价模型来衡量。

银行业系统性风险具备如下特征：第一，普遍性。偏重于银行业金融机构在系统性风险中的重要性，即银行业系统性风险的爆发会波及多家金融机构。第二，外部性。其典型特征就是某个银行的危机引发大规模的金融机构系统性风险，这种损失由多家金融机构共同承担。第三，较强的传染性。刚开始是在个别金融机构传播，很快就会在多个金融机构之间相应传染，传染范围与影响深度非常快。第四，不对称性。这种风险的发生，将会给金融机构造成重大的损失和影响。

邓向荣等（2016）综合运用随机理论去噪方法与风险价值 VaR（Value at Risk）模型，论述了国内主要金融机构间的银行业系统性风险传染关系，结合金融系统五个方面的主要特征：规模性、替代性、关联性、复杂性及全球性，构建一种中国金融体系的系统性风险传染网络模型，并运用复杂网络分析理论及工具对银行业系统性风险中的传染速度快、范围广、程度深、脆弱性高四个关键节点的相关指标进行了综合测评。隋聪等

（2016）提出了一种基于网络模型的银行系统性风险 VaR 和银行系统性风险期望损失 ES（Expected Shortfall）的银行系统性风险度量方法。在该方法中，作者首先采用了蒙特卡罗模拟方法，构造了一种模拟银行受到外部冲击时造成银行间网络损失的大样本事件，针对该大样本事件，模拟实验中得出银行系统性风险 VaR 和银行系统性风险期望损失 ES，较好地解决了对比随机冲击无法度量银行系统性风险的问题。方意（2017）在传统网络模型中纳入去杠杆化——降价抛售机制，研究了中国最现实的两类宏观经济冲击（房地产贷款违约冲击、地方政府融资平台贷款违约冲击）对银行体系系统性风险将产生的重要影响，并较好地论证了传统网络模型在银行体系系统性风险评价中的优越性。

中国银行业金融机构的总资产所占比例可以概述为：一是五大国有银行（中国工商银行、中国农业银行、中国银行、中国建设银行和交通银行）的总资产占中国银行业金融机构总资产的比例高达 41% 左右；二是12 家股份制商业银行的总资产占比大约为 18%；三是 133 家城市商业银行的总资产占比大约为 11%；四是其他 2350 家农村金融机构的总资产占比大约为 12%。

近 5 年的湖北省金融业发展研究报告指出，湖北地区的五大银行的年净利润占全省行业的比例已经超过了 62%。银行业系统性风险的研究将主要针对这五大银行的市场数据收益率进行理论总结与实证分析，从而评价分析和测量统计湖北地区银行业系统性风险的状况。

5.1.1　贝塔系数的估计模型

世界著名经济学家马科维茨在 1952 年发表了题为《资产组合的选择》的学术论文，并经经济学家托宾等人发展成为著名的"资产组合选择理论"。该理论提出了有效资产组合边界的理论思想和操作方法，该论文奠定了现代资产组合理论（Modern Portfolio Theory，MPT）发展的基石。1963 年，经济学家威廉·夏普在资产组合选择理论的基础上，简化了计算方法，提出了一种相对简化的资产估算模型——贝塔系数估计模型，该模型有效地减少了资产组合的计算工作量、提高了实际操作处理的能力，较好地将投资理论应用于实际操作。贝塔系数估计模型的主要内容是市场总体收益与资产收益的关系，即当市场资产达到一定均衡时，其资产的收益率可由式（5-1）计算：

$$R_i = \alpha_i + \beta_i R_m + \xi_i \qquad (5-1)$$

其中，R_i是第i种资产的收益率，R_m为市场收益率，α_i和β_i分别为截距项和误差项，且ξ_i与R_m无关。这种资产的总风险可由式（5-2）计算：

$$\sigma_{it}^2 = \beta_i^2 \sigma_m^2 + \sigma_{\xi t}^2 \qquad (5-2)$$

总风险σ_{it}^2的计算可由两个主要部分构成：一部分是资产的系统性风险$\beta_i^2 \sigma_m^2$，即与金融市场组合收益率变动直接相关联的风险；另一部分是$\sigma_{\xi t}^2$，即与金融市场风险无关的风险，也称资产的非系统性风险。

5.1.2　样本数据的选择与处理机制

计算湖北省地区的银行业资产收益率时，如果选择的数据时间周期较短，则资产的收益率就会受到非交易因素的影响；如果选择的数据时间周期较长，将导致特定时间跨度内的数据量减少，从而影响整个资产的收益率的分析。综合考虑上述两方面的因素，在项目的研究过程中，主要选择以"周"作为计算资产收益率时间单位，从而可以分别选取五大银行从2006年1月至2013年12月的数据为样本期间，采用周资产收益率的数据进行计算，从而得出五大银行2006—2013年各年的β系数。通过式（5-3）可以计算得出周资产收益率：

$$R_{it} = (\overline{P_{it}} - P_{i(t-1)})/P_{i(t-1)} \qquad (5-3)$$

其中，R_{it}是第i种股票在第t周的收益率，P_{it}是第i种股票在第t周的收盘价。

5.1.3　数据的统计分析

为了比较五大银行收益率的数量特征，本书运用了均值、标准差、偏度以及峰度等参数对五大银行周资产收益率的基本数量特征进行了统计分析。平均周资产收益率描述了在某一段时间内周收益率的平均取值状况。五大银行周收益率及新综合指标周收益率的数量统计值如表5-1所示。

表 5 - 1 五大银行周收益率及新综合指标周收益率的数量统计值

描述统计量	R_a	R_b	R_c	R_d	R_e	R_m
均值	- 0.000237	0.000985	- 0.000313	0.001869	- 0.002601	0.000251
中位数	0	0	0	- 0.003728	- 0.003788	- 0.00117
最大值	0.3575	0.308017	0.113475	0.186364	0.180509	0.161043
最小值	- 0.150273	- 0.136	- 0.0625	- 0.131078	- 0.187291	- 0.130645
标准差	0.039201	0.042294	0.024632	0.039687	0.046778	0.038281
偏度	2.050606	1.442729	0.925146	0.405011	0.08298	0.233044
峰度	21.59588	12.14015	6.96621	5.980475	4.761593	4.725015
JB 统计量	5756.698	1400.99	143.658	127.1915	44.22189	50.68749
样本数	381	366	180	320	339	381

表中，R_a、R_b、R_c、R_d、R_e、R_m 依次表示中国银行的周收益率、中国工商银行的周收益率、中国农业银行的周收益率、中国建设银行的周收益率、交通银行的周收益率、新综合指标的周收益率数据。

（1）β 系数的求解分析

针对上述五大银行的数据进行统计分析。将所得的样本数据用马科维茨模型中的单变量线性模型 $R_{it} = \alpha_i + \beta_i R_{mt} + \varepsilon_{it}$ 进行分析研究，并运用最小二乘法回归，可以计算出五大银行 2006—2013 年的 β 系数值，其计算结果如表 5 - 2 所示。

表 5 - 2 五大银行各年度的 β 系数值

年份	中国银行	工商银行	农业银行	建设银行	交通银行
2006	1.640722	1.910976	—	—	—
2007	0.775217	0.816804	—	0.80056	0.631193
2008	0.780314	0.768386	—	0.922013	0.945284
2009	0.738545	0.670733	—	0.795104	1.161771
2010	0.670643	0.787921	0.865579	0.707385	1.006665
2011	0.541814	0.562483	0.625275	0.619684	0.779411
2012	0.351225	0.401075	0.420317	0.454294	0.663238
2013	0.693208	0.494634	0.903491	0.904961	1.158098

（2）β系数的检验分析

本书对β系数进行了显著性检验分析，即对总体模型中解释变量R_{mt}的系数β_i是否显著异常于零进行了检验。得出了当$\beta_i=0$时，显著性检验成立，说明模型就失去了意义；当$\beta_i\neq0$时，显著性检验不成立，说明模型成立，从而认为银行业确实存在系统性风险。β系数的检验分析如表5－3所示。

表5－3　回归模型的检验

年份		中国银行	工商银行	农业银行	建设银行	交通银行
2006	T统计量（P值）	7.5309（0.0000）	5.1114（0.0014）	—	—	—
2007	T统计量（P值）	6.8452（0.0000）	5.6808（0.0000）	—	2.5787（0.0275）	3.5331（0.0014）
2008	T统计量（P值）	14.3458（0.0000）	9.0842（0.0000）	—	11.8218（0.0000）	9.2194（0.0000）
2009	T统计量（P值）	7.5937（0.0000）	7.2503（0.0000）	—	7.1256（0.0000）	8.6400（0.0000）
2010	T统计量（P值）	7.5162（0.0000）	5.3143（0.0000）	6.4402（0.0000）	6.5243（0.0000）	8.5672（0.0000）
2011	T统计量（P值）	6.1553（0.0000）	6.1882（0.0000）	5.9736（0.0000）	6.5180（0.0000）	6.0848（0.0000）
2012	T统计量（P值）	4.0776（0.0002）	4.5984（0.0000）	4.3837（0.0001）	4.0124（0.0002）	6.7243（0.0000）
2013	T统计量（P值）	6.2324（0.0000）	6.9298（0.0000）	8.1823（0.0000）	5.9529（0.0000）	8.1549（0.0000）

（3）系统性风险的分解分析

在实证分析中，需要对系统性风险进行准确度量分析，这也是宏观审慎监管有效执行的前提条件。本书对五大银行各年度数据进行了实证分析，并对银行业的系统性风险进行了分解分析，得出了五大银行的总风险和系统性风险的对比情况，如表5－4所示。

表 5 - 4　五大银行系统性风险的分解分析

年份	银行业风险	中国银行	工商银行	农业银行	建设银行	交通银行
2006	总风险	0.006124	0.000987	—	—	—
	系统性风险	0.004412	0.036058	—	—	—
2007	总风险	0.002158	0.002938	—	0.003055	0.002337
	系统性风险	0.001078	0.001196		0.00122	0.000703
2008	总风险	0.002633	0.003287	—	0.00401	0.00492
	系统性风险	0.002127	0.002062	—	0.002969	0.003121
2009	总风险	0.001596	0.001375	—	0.001964	0.003542
	系统性风险	0.000871	0.000718		0.00101	0.002155
2010	总风险	0.00081	0.001633	0.001142	0.001037	0.001633
	系统性风险	0.000438	0.000605	0.000758	0.000487	0.000987
2011	总风险	0.000372	0.000398	0.000512	0.000457	0.00078
	系统性风险	0.000164	0.000177	0.000219	0.000215	0.00034
2012	总风险	0.000264	0.00029	0.00034	0.000453	0.000498
	系统性风险	0.000067	0.000087	0.000096	0.000112	0.000239
2013	总风险	0.0006	0.000289	0.000829	0.001137	0.001367
	系统性风险	0.000287	0.000146	0.000487	0.000489	0.000801

表 5 - 5　五大银行系统性风险的占比分析

年份	中国银行	工商银行	农业银行	建设银行	交通银行
2006	72.047%	78.888%	—	—	—
2007	49.932%	40.716%	—	39.922%	30.089%
2008	80.777%	62.742%	—	74.051%	63.439%
2009	54.579%	52.252%	—	51.406%	60.855%
2010	54.082%	37.029%	66.394%	46.999%	60.443%
2011	44.113%	44.437%	42.686%	46.972%	43.536%
2012	25.373%	30.120%	28.215%	24.739%	47.963%
2013	47.813%	50.541%	58.785%	43.001%	58.573%

　　根据表 5 - 1 至表 5 - 5 对湖北省五大银行系统性风险的实证数量分析研究，得出的结论是，五大银行的总风险和系统性风险占比的变化趋势比

较相似，也论述了系统性风险是构成湖北地区银行业系统性风险的重要组成部分。

（4）系统性风险的防范内容

通过对五大银行系统性风险的实证数据分析，银行业系统性风险防范需要注意以下几个方面：①提高银行业系统性风险的警惕性；②注意控制资金投入比例；③做好止盈或止损的准备。

本书针对五大银行收益率的数量特征，通过贝塔系数的估计模型理论，运用了均值、标准差、偏度及峰度等对五大银行收益率的基本数量特征进行对比分析。主要结论及启示如下：

①论证了银行业系统性风险具有多通道、多层次、交互式等诸多特性，打破了原有金融机构与非金融机构之间分业监管的基础。

②论证了规模因素对银行业系统性风险评估具有非常重要的影响作用，但规模因素并不与银行业系统性风险传染能力呈线性比例关系。

5.2 移动金融支付系统的构架

5.2.1 移动金融支付系统的构架

移动金融支付系统的构架决定了移动金融支付过程中金融数据的可靠性、安全性和快捷性等，关系到手机用户是否使用移动金融支付进行金融支付的重要保证。移动金融支付系统的构架是建立在移动通信网络基础上的，其构架由 CA（Certificate Authority，证书授权）安全认证系统、RA（Registration Authority，注册证书）服务器、LA 认证服务器、Web 服务器、金融安全服务器、金融支付应用服务器、金融数据库服务器和手机用户等部分组成。图 5 – 1 是一个典型的移动金融支付的系统构架。

（1）CA 安全认证系统。CA 安全认证系统又称数字证书认证中心，作为移动金融支付中受信任的第三方。移动金融支付的 CA 安全认证系统是利用公钥密码体系的理论和加/解密技术为智能手机通过移动通信平台与移动金融支付服务器之间提供数据传输服务所要求的安全技术标准基础平台。CA 安全认证系统能为不同操作系统、不同移动通信运营商的智能手机、不同移动金融支付间提供多种不同的移动金融支付数据的安全、可靠传输数据等服务，主要认证内容有：手机用户的身份识别与鉴别（认证）、移动金融支付的金融数据完整性、金融数据保密性、手机用户金融支付的不可否认性及时间戳服务等特性。

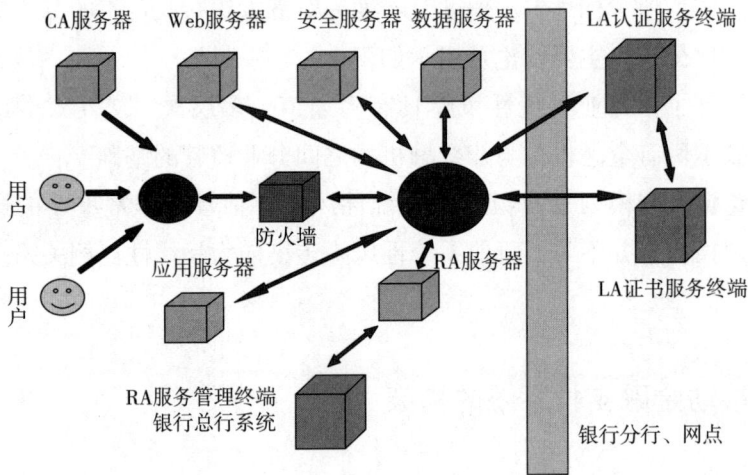

图 5 - 1 移动金融支付的系统构架

（2）RA 服务器。RA 服务器是 CA 安全认证中心的证书发放、管理的延伸。RA 服务器负责移动金融支付用户的信息录入、审核以及证书发放等相关安全审计工作。同时，对发放的证书完成相应的安全管理功能。构架中的 RA 服务器通常安装在总部，RA 的客户端可以安装在银行的各个营业网点，用于录入移动金融支付用户的申请信息，并进行初步审核，然后将数据传送到 RA 服务器中。

（3）Web 服务器。Web 服务器是移动手机用户与移动金融支付系统进行交互金融支付数据、互相访问的信息入口。当 Web 浏览器（移动金融支付用户端）连到金融支付应用服务器上并请求数据处理时，服务器将处理该请求并将数据发送到该移动金融支付用户端的浏览器上。

（4）金融支付应用服务器。金融支付应用服务器是整个移动金融支付系统的金融支付数据调度、查询、支付及处理等的核心服务器。

（5）金融数据库服务器。金融数据库服务器是移动金融支付的金融支付数据存放中心，保证金融数据的支付、存储等的可靠性与完整性。

（6）金融安全服务器。金融安全服务器主要为手机用户端、移动通信运营商和移动金融支付服务器之间建立一个可信的、安全的 SSL 数据通道，完整地实现手机用户的证书认证、金融支付数据签名、金融支付数据的加密和解密等金融支付功能，以最大限度地保护移动金融支付交易系统的安全性和可信性。

手机用户端与移动金融支付服务器的连接机制。智能手机首先需要从移动金融支付服务器端下载移动金融支付提供的用户端软件，该软件的主要功能有：手机用户信息认证、金融支付数据加密/解密操作、手机用户与金融数据服务器连接的 IP 地址等各种处理操作。手机用户端与移动金融支付服务器的连接方式如图 5-2 所示。

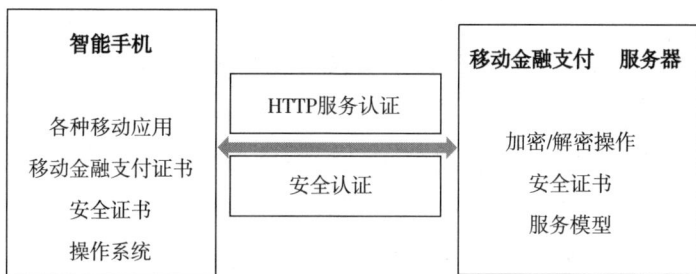

图 5-2　智能手机与移动金融支付服务器的连接机制

5.2.2　移动金融支付的信息安全技术

移动金融支付过程可以分为两种支付模式：一种是依赖于固态芯片构造的"接触式"金融支付模式；另一种是依赖于移动通信网络的"非接触式"金融支付模式。

"接触式"金融支付模式的数据可靠性、安全性更高，更容易保障移动金融支付用户的个人信息、资金信息的安全性、可靠性。而在移动通信网络的"非接触式"金融支付过程中，虽然操作、传输更便捷，但在移动金融支付过程中需要长时间保持联网状态，且第三方支持的金融支付软件时刻保持着金融支付信息的发送、接收以及数据处理等相关工作，从而容易被不法分子窃取移动金融支付账号、密码等相关的移动金融支付用户的个人信息、资金信息等，从而危害移动金融支付用户的资金数据信息、个人信息等的安全性。

目前比较完善的高可信性、高安全性、高保密性措施依然是"数字证书"（Digital Certificate 或 Digital ID）技术。数字证书是一种高可信性、高安全性、高身份认证较完善的电子数字认证文档，通常是由各级地方政府主导的第三方权威认证机构进行"数字证书"签发，简称为 CA 中心。以数字证书为核心的安全认证技术可以对手机上传输的各种移动金融支付数据信息进行签名认证操作、数字签名操作、加/解密操作等，确保移动金融支付过程中金融数据信息传输的完整性、安全性和可靠性等。

5.2.3 移动金融支付的风险防范机制

根据移动金融支付的系统构架以及进行的调研活动，移动金融支付的风险防范机制可以概括为以下几点。

（1）移动金融支付过程的技术性风险防范机制主要有：移动金融支付用户的身份识别技术，金融支付传输过程中的金融数据完整性、金融数据保密性、金融数据安全性等技术，移动金融支付系统性灾难恢复技术、金融数据灾难恢复技术等。

（2）移动金融支付过程的操作风险防范机制主要有：建立完善的移动金融支付业务规章制度、金融支付操作流程管理制度、移动金融支付机构内部金融风险责任追究机制及移动金融支付业务监管控制机制等。

（3）移动金融支付的信任风险防范技术主要有：建立移动金融支付与手机用户之间的新型金融支付信任关系，设立安全的、可靠的金融支付防范风险机制，确保移动金融支付系统的安全性、移动金融支付与移动通信运营商之间的数据传输安全性、完整性、保密性等。

（4）移动金融支付的法律风险防范措施主要有：强化移动金融支付

移动金融支付风险模型及评价机制

机构和手机用户之间的移动金融支付法律意识，建立移动金融支付的法律
风险防范措施。

5.3　移动金融支付中的风险分析

移动金融支付具有产生金融风险的必然性。移动金融支付风险首先会
通过手机操作、移动金融支付软件、金融数据传输过程、金融数据的安全
性、移动金融支付用户等方式在移动金融支付系统中产生、转化和积累，
也能够在一定程度内、范围内被消化。但移动金融支付风险有时不可避免
地会因为其与传统金融和实体经济的紧密联系而向系统性风险转化。

随着移动通信网络技术、互联网技术在金融领域的广泛应用，无论是
移动金融支付还是移动金融科技化、信息化，都会从不同的角度将传统金
融市场的边界变得越来越模糊，多行业融合机制加快了进程。对移动金融
支付中的风险的有效度量、准确评价将对移动金融支付安全起到关键性的
促进作用，改善移动金融支付创新和市场融合导致的监管滞后性。

4G 移动通信技术、互联网技术给人们的生活带来了极大的方便，4G
移动通信技术、互联网技术与金融服务相结合的移动金融支付使人们的生
活方式和金融支付方法发生了重大变革，同时也带来了移动金融支付在进
行金融支付方面面临的诸多金融风险问题，如移动通信网络的数据传输风
险、移动通信网络的安全风险、手机转账支付过程的操作风险、手机转账
支付的个人信息安全性风险、移动金融支付软件的风险、移动金融支付用
户的信任风险、移动金融支付的法律风险等。图 5-3 为移动金融支付风
险的关系结构。

王昆针对移动互联网技术的发展，结合移动金融支付的特性，提出了
基于功能满足性、使用成本、营销活动、客户服务性、安全可靠性六个维
度的移动金融支付风险评价与风险规避决策，利用含潜变量的结构方程对
六个维度的影响进行验证，最终得到维度间的直接与间接影响。

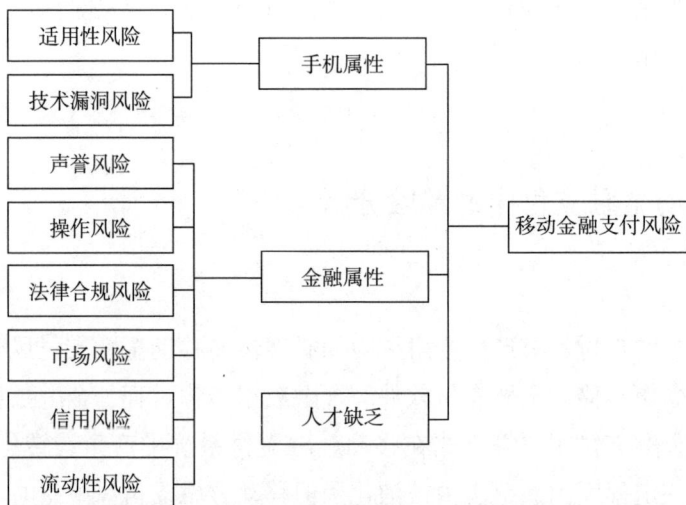

图5-3 移动金融支付风险的关系结构

移动金融支付风险可以从两个方面来分析：一方面是移动通信技术方面的风险，包括技术漏洞风险及适用性风险；另一方面是金融属性风险，主要包括信用风险、流动性风险、市场风险、法律合规风险、操作风险、声誉风险等。同时，从机构自身的视角分析，还存在优质人才严重不足的风险。

（1）移动金融支付的金融属性风险

从移动金融支付属性方面来看，移动通信技术的出现从多个方面改进了金融机构的运营能力和资金使用率。数据分析能力能够帮助金融机构建立更精准的评价及风控模型，更好地识别风险，提前做好应对措施；移动通信网络可以让移动通信技术构建强大的IT资源直接作用于移动用户，提高资源使用效率，同时保证相关数据更加安全；人工智能技术提高了金融机构获取数据的能力，提高对移动用户的识别能力，同时还可以通过对市场突发事件、国家政策新规的出台等作出相应的初步判断，为金融机构作出风险预警。对于监管层来说，可以帮助监管机构利用新技术，更好地监管移动金融支付的风险。一方面，监管层可以在微观视角下，了解各移动金融支付机构制定的风控策略；另一方面，监管层可以结合宏观政策导向，利用宏观数据的分析结果，构建宏观的风控框架，制定具有高可行性的监管政策，从而达到调控的最终目标。

移动金融支付机构同样面临技术带来的威胁。从移动通信技术层次看，移动金融支付机构可能面临数据安全问题，如外部黑客入侵，造成数据丢失或被篡改，或者被内部人员泄露；还有就是移动通信网络安全方面造成的数据、相关信息泄露等，在移动金融支付机构连接移动通信网络之后，移动通信安全、网站安全、移动客户端安全都可能迎来来自外部的进攻，各种病毒、恶意代码、网络钓鱼等层出不穷。移动金融支付机构要充分考虑移动客户信息的安全性，在保证自身信息安全的基础上，还要教育移动客户、提高移动客户的信息保护能力。

在适用性方面，移动金融支付机构在开发相应的基础设施时，通常是在以自身可利用的资源范围内开发，同时移动金融支付机构一直没有一个统一的研发标准，造成大量新开发的平台或系统都只适用于本移动金融支付机构的产品。因此，各类金融支付平台或系统之间的兼容能力，是移动金融支付机构今后发展需要考虑的一个重要方面。除此之外，新开发的金融支付平台或系统也被安装上金融逻辑内核，在此金融逻辑内核下运行，很难帮助移动用户实现盈利最大化，甚至可能存在系统过度拟合的状态。

（2）金融属性风险

从传统金融机构的风险来看，信用风险是所有金融机构都会面临的最重要的风险之一，造成信用风险的根本原因包括信息不对称、操作风险等。诸多因素造成了金融行业信息不对称风险，从移动金融支付机构的角度而言，金融支付风险的识别能力是重要因素，这也就涉及后面即将论述的移动金融支付人才稀缺的问题。移动金融支付机构服务的主要对象是小微企业、中小借贷人和金融支付业务等，资金来源也主要是中小投资者，包括企业部门和居民部门的储蓄。此时移动金融支付机构用传统模式做风控的成本就相当高，如何利用已知的信息，如移动通信网络上的海量信息，建立行之有效的风控模型，是对每一个移动金融支付机构运营能力的考验。除此之外，移动金融支付机构一定要在符合相关法律条文的前提下运营，合规性是所有金融类企业必须满足的最低要求，不管是不是使用移动通信网络这个工具，只要涉及资金运作，就需要满足相关管理层的要求。但很多移动金融支付机构运营时，完全抛弃了自身的金融属性，照搬移动通信运营商进入市场的路径，一味追求用户数量、交易金额、月活用户数量等指标，而忽略了用户质量这一重要指标。这类移动金融支付机构的投资人在指导移动金融支付机构运营时，也过于强调用户这一指标，传导到移动金融支付机构管理层，最终形成了重用户而不重风控的局面。所有金融类企业实质上都是在经营信贷业务，从而最终能够顺利完成并取得相应收益最基本的要求是收回贷款和利息。因此，所有不能有效控制风控的贷款规模增长都是毫无价值的，并不能真正带来正的净现值。

从市场风险的角度来看，对于任何移动金融支付机构而言，最重要的市场风险是利率风险。移动金融支付产品中的货币市场基金创新点在于突破了原有货币基金的门槛，同时增加了作为货币基金产品的实用性，类似于美国 20 世纪的 ATS 账户，可以用于正常的移动金融支付，当不使用的时候，可以赚取货币市场利息。考虑到造成这种局面的原因主要是突破了原有的制度障碍，所以制度红利的放开，让很多中小投资者也能直接进入货币市场赚取高额利息。这种制度性红利自然是无法长期维持的，美国 PayPal 货币市场基金（前期由巴克莱管理，后期交给了贝莱德经营）运作了十几年，最终在 2011 年关闭，主要原因是，在量化宽松政策下，货币市场基金无法获取超过储蓄利率的超额收益，即便 PayPal 将各种管理费用全部让利给投资者，依然无法维持自身运营。我国自 2014 年 11 月开始新一轮降息周期后，货币市场基金，不管是电商平台互联网货币基金，还是各大银行、公募基金的货币基金，都出现了收益率不断下行的趋势。虽然 2016 年下半年以来货币政策收紧，货币市场收益率逐步走强，但是从长期来看，从全球范围内考察，货币市场收益率不断降低是主流趋势，所以即便现在互联网货币基金如日中天，仍然要做好应对利率风险的准备。特别是目前我国利率市场化的趋势已不可逆，不管是宏观政策方面，还是微观中的市场利率走势，利率市场化在一步步深化。利率市场化之后，其波动性必将增大，市场经验不足、没有足够人才支撑的中小型互联网金融机构，一定要做好这方面的准备。

移动金融支付机构面临的操作风险问题依然严峻。自从《巴塞尔协议Ⅱ》正式将操作风险纳入银行业风控指标，操作风险也成为所有移动金融支付机构需要防范的风险之一。2013年光大证券"乌龙指"事件严重干扰了市场秩序，造成了极其恶劣的市场影响，也极大地损害了光大证券的声誉，导致金融机构该年的评级直接下降，业务直接受到影响。虽然操作风险一般是不连续的，但是由于其影响较为恶劣，一般的金融机构很可能会因此破产，因此必须谨慎防范，特别是对于规模不大的互联网金融企业而言。

法律合规风险是传统金融机构面临的重要风险之一，也是移动金融支付机构面临的极为重要的风险，特别是对于我国的移动金融支付机构而言。由于我国发展的阶段性限制，对于很多新兴行业、新型商业模式都没有相应的完善法律法规来引导其正确运营，一般都是先发展，遇到问题，解决问题，再反过来制定相应的法律法规体系。从2013年开始，移动金融支付机构经历了一年多的蓬勃发展，各类移动金融支付机构如雨后春笋般竞相迸发。自2011年支付宝第三方支付得到央行颁布的牌照，取得合法地位，到2015年3月央行暂停第三方支付牌照审批，国内获得合法地位的第三方支付牌照共267家。而对于大量P2P、众筹公司虽具体划分了"一委一行两会"（国务院金融稳定发展委员会、中国人民银行、中国银行保险监督管理委员会和中国证券监督管理委员会）各自的监管职责，但是没有像第三方支付那样给予其合法的经营牌照。

最后是移动金融支付机构的信誉风险。对于移动金融支付行业来说，其信誉风险远高于其他任何实体行业。信誉风险其实也受到上述几种风险的影响，同时也和下文与要论述的人才风险有关。从移动金融支付机构内部层次上看，移动金融支付机构的人员配置、管理理念、项目涉及领域等都会对移动金融支付机构的信誉产生一定影响。特别是移动金融支付机构风控能力，在移动通信技术经过野蛮式生长之后，整个行业面临巨大的信用危机，公司倒闭、老板"跑路"的新闻层出不穷。作为一个新兴的移动金融支付行业，不管有多少资本涌进去，最终都是要追求绝对的回报。而各种"跑路"的丑闻，不仅是资金的流出，对信誉造成的损失最终都要靠未来移动金融支付机构的盈利来弥补。从外部来看，公司受到黑客攻击，或者出现系统故障等问题，都会给公司信誉带来影响。在互联网时代，信息的传播是即时的，而很多移动用户对信息的筛选能力不强，对于外界信息倾向于一味接受，更容易将这种影响放大。因此，对于移动金融支付行业，如何在公众心中树立值得信赖的形象，取得移动用户的信任，是一个不容忽视的问题。

（3）移动金融支付的信用风险

信用风险对于任何从事金融业务的企业来说，都是最重要的风险暴露之一。信用风险一般是指交易对手方不履行约定而给交易的另一方造成损失的风险。对于互联网金融，信用风险是相对的。一方面，用户有合约到期不履行约定的风险；另一方面，由于中国的移动金融支付机构大多是民营企业起家，并且没有建立完善的保险制度，很多金融企业朝不保夕，平台垮台的现象时有发生，也就是说，对于用户来说，用户也面临着一定的信用风险。但是从从业者的角度来看，我们一般认为互联网金融的信用风险是前一种，即企业暴露给用户带来的风险。

金融企业本是经营风险的企业，对于任何金融企业而言，对风险的定价直接决定了企业的生存发展。如果企业高估了自己暴露的信用风险，而向用户索取过高的信用风险补偿，则面临着巨大的市场竞争压力，企业可能获得不了足够的客户维持企业的运营。另外，如果企业低估了自身暴露的风险，对风险的定价过低，则风险一旦发生，企业可能直接面临破产的风险。对于移动金融支付企业而言，由于客户信息的私密性，以及移动通信网络上信息的不对称性，企业数据库信息有限，而我国还没建立起完整的征信制度，此时对于用户的信用风险进行定价面临着巨大的困难。从目前已经暴露的信用风险来看，造成信用风险的原因主要有以下几点。

首先，交易制度的缺陷。目前，移动金融支付交易尚未有完善的法律规章制度保障其合理运行。很多时候，各个移动金融支付机构之间不能充分地进行信息共享，此时对于移动用户来说，其违约成本很低。违约行为既不能上报到央行征信中心，移动金融支付机构也没有办法对互联网的用户进行直接催收。由于移动金融支付的小额性，直接催收的成本往往不能覆盖收益，因此移动金融支付企业很难依靠相关的法律法规对用户的行为构建威慑。

其次，新的适用于移动金融支付机构的信用风险控制模型没有得到有效的发展。对于移动金融支付机构而言，大数据是企业的重要支柱。在新的商业模式下，先要进行海量数据的存储，各大企业之间应联合起来建立起足够规模的数据库。在此基础上，利用这些数据库进行分析建模，以真实数据建立符合市场现实情况的风控模型。因此，对于移动金融支付机构而言，数据采集和风控模型建立需要做的工作还有很多，互联网金融企业会在大量的交易中逐步走向成熟。

最后，缺乏对移动金融支付交易过程的风险控制。移动金融支付作为一个新兴行业，很多基础设施还不够完善，而且很多基础设施是由民营企业先行进行建立，这个时候移动用户就面临着更大的信用风险。在交易过程控制方面，目前我国还没有建立完整的主体身份识别体系，也没有完整的第三方征信体系，在监管方面也面临着监管真空和监管套利的压力，因此移动金融支付过程中可能遇到的各类问题都没有一个清晰的解决方案，也就是投资者和企业双方都面临着巨大的信用风险。

5.4 移动金融支付中的风险防范对策分析

移动金融支付与其他银行服务一样，是银行业务服务的延伸，移动金融支付是基于移动通信网络技术领域中的金融领域的创新服务，是互联网金融的一个重要组成部分。因此，移动金融支付也将面临金融风险，而且还是面临着新兴创新服务前所未有的金融风险。移动金融支付风险及风险防范的对策主要体现在以下几个方面。

5.4.1 移动金融支付中的风险分析

移动金融支付涉及金融机构与移动通信两大行业，因此其金融业务支付过程中涉及银行机构、移动通信运营商、手机终端设备（或移动终端设备）以及移动金融支付相关的软件等多个主体。而我国现存的法律制度中没有对移动金融支付作出单独而系统的规定，而是分散在各类相关的规章文件中，从而使移动金融支付的监管力度非常薄弱，不能较好地适应移动金融、移动通信技术迅猛发展的现实情况。因此，立法应当思考如何构建更为可靠、安全、有效的移动金融支付法律体系。就其支付过程中的信用风险、技术风险等各种风险问题，应从风险所涉及的相关主体安全问题入手，制定相应的法律规制和风险管理手段（李舒頔，2016）。移动金融支付过程中的主要风险有以下几个方面。

（1）技术风险

①信息技术风险。移动金融支付是建立在信息技术、移动通信网络技术、互联网技术之上的信息化银行服务，更加需要依靠信息技术的支持，从而需要通过信息技术的保护来防范移动金融支付的金融支付风险，也称信息技术风险。这方面的风险主要包括：移动通信网络的风险、互联网技术风险、手机操作系统安全风险、网络设备风险、安全性风险以及突发事件等带来的风险（张杰，2018）。

②技术特性本身的风险。在移动网络技术发展的各个阶段，由于受到各种技术发展水平的限制，或者技术本身的特性，技术本身可能带有一定的局限性或缺陷。比如，移动通信网络中的运营设备与网络发生故障，或者网络受到异常事件的侵袭或外来病毒的入侵，都会导致移动金融支付业务存在较大的风险。若在移动金融支付应用中不审慎考虑，不加选择地在移动金融支付业务中随意采用，便可能给攻击者留下漏洞而导致整个移动金融支付运作的网络主机系统全面崩塌、数据流失与严重损毁，这样就会引发重大经济损失，移动金融支付整体品牌服务形象与信誉就会蒙受损失。

（2）技术管理风险

①技术外包风险。技术外包风险主要是指银行机构将移动金融支付的金融支付系统全部或部分委托给第三方机构进行开发。首先，降低了银行金融支付系统的开发成本，提高了开发效率；其次，银行信息部门对外部金融支付系统需要一个认知和掌握的过程；最后，第三方机构并非专门的

金融机构，对可能导致金融风险的因素认识不足，并且第三方机构的金融支付处理专业化水平、资质等参差不齐。因此，银行在采用第三方机构开发的金融系统时就将面临一定的风险。

②合作方风险。移动金融支付是整合金融货币信息化与移动通信网络的创新服务，借助移动通信网络平台、互联网平台，以移动智能手机作为移动终端办理相关银行业务的银行服务模式。移动金融支付的主要合作方就是金融机构与移动通信运营商或第三方机构，而移动通信运营商、第三方机构不具备完全的可控性，缺乏对整个金融支付流程的考虑从而造成风险。

（3）业务风险

①操作风险。移动金融支付需要人的操作，无论是移动金融支付业务人员、技术人员还是移动金融支付用户自己都要进行操作。操作风险主要是指手机用户在手机操作、使用方面对移动金融支付相关技术了解较少，而且手机屏幕小，容易造成误操作，致使用户输入的信息错误、用户账户信息以及个人敏感信息泄露，从而给用户造成经济损失。

②法律风险。移动金融支付属于金融创新发展的新兴业务，需要一套完善的法律机制对其进行保障。移动金融支付过程不同于传统的银行业务流程，依赖于移动通信网络、互联网技术等，其业务流程是否有效还存在着不确定性。同时，在支付双方的权责划分上尚未有明确的法律规范与准则。这些都容易引发法律风险。

徐大富（2018）从移动金融支付业务的法律风险方面进行了论述，一是移动金融支付业务存在的法律关系主要有：A. 银行机构与移动金融支付持卡客户的存款关系；B. 银行机构与移动金融支付持卡客户的委托付款关系；C. 银行机构与第三方支付平台的合作关系；D. 银行机构与移动金融支付网上商城商户的合作关系。二是移动金融支付业务中的法律风险主要有：A. 未经移动金融支付客户确认或授权擅自开通移动金融支付业务的风险；B. 因银行机构安全认证手段被攻破或冒用等安全问题而导致移动金融支付客户资金损失的风险；C. 因移动金融支付客户保管不善或移动端遭黑客攻击而造成的非授权金融交易风险；D. 不法分子通过伪装成银行 APP 等手段获取移动金融支付客户信息，导致资金盗刷的风险；E. 移动金融支付网上商城上商品质量瑕疵责任分担的风险；等等。

③信用风险。信用是对人、事或物的性质陈述，体现为可靠或值得依赖。信用风险一般是指由于金融支付对方不能履行责任而造成的金融风险。由于移动金融支付过程缺乏传统意义上的凭证信息和签名信息，支付双方的不可抵赖性有待进一步加强。这也容易造成移动金融支付存在一定的信用风险。

④信誉风险。移动金融支付需要良好的信誉感做支撑，如果没有坚实可信的信誉保障，移动金融支付用户就会大量流失，最终会导致移动金融支付存在价值的丧失。移动金融支付的信誉风险一般包括了移动金融支付用户对移动金融支付运作的负面影响，导致移动金融支付与移动金融支付用户之间无法建立长期有效的信任关系，甚至会引发其他公众对移动金融支付产生负面影响与感知印象，减少移动金融支付支持度。因此，移动金融支付服务是银行机构对外的一面窗口，其信誉水平的高低直接影响着银行机构整体的对外形象，会导致银行运营受到一定影响。

5.4.2 风险防范的对策分析

（1）技术风险防范

目前，各大移动金融支付采取的安全防范措施主要是移动金融支付用户身份信息和手机号码绑定的方式，移动金融支付用户要想登录移动金融支付，只有用本人的智能手机才能进行。其技术性风险防范主要体现在以下三个方面。

①身份识别。当移动金融支付用户需要把个人身份信息和密码输入时，立即采取加密编码技术对个人身份信息和密码等相关信息进行加密处理，同时使加密信息的传输具有单向性。同时，为了防止他人看到这些信息，整个信息不能在智能手机上显示出来。若出现网络、通信等相关技术故障，或者移动金融支付用户输入错误信息时，移动金融支付系统应立即使支付过程终止，并返回到登录页面，再进行身份鉴定。2018 年 2 月 6 日，中国银行发布了新版移动金融支付，新版移动金融支付不仅优化了原

有页面，还运用了人脸识别、大数据风险控制等前沿金融科技技术，进一步确保了移动金融支付的安全性能。该人脸识别、大数据风险控制系统可以主动进行实时监控，实现全流程、全业务和全渠道的业务风险管控，有效保障移动金融支付用户资金安全。

②金融数据的完整性和保密性。移动金融支付用户利用手机实现移动金融支付操作，就是移动金融支付业务。移动金融支付用户的手机一旦出现信号不好、恶意手机编码或其他恶意的攻击，就会出现延迟信息和数据不完整的现象。因此，在移动通信网络中，应当提升移动通信网络的服务质量和相应的处理机制，以防范这种事情的发生。因此，为了使数据的完整性得到保障，移动金融支付系统可以设置防火墙、监视控制系统等安全措施。同时，为了防止在传输途中修改或丢失数据，需要设置专用的加密、解密以及相应的鉴定处理，并校验支付的金融数据。

③手机灾难性恢复。手机系统灾难性恢复和数据灾难性恢复是移动金融支付灾难性恢复的两个内容。为了使手机系统具有可恢复性，需要把手机系统的恢复和后备系统安装在移动金融支付或第三方安全的系统中，实现快速的系统恢复。将重要的数据存储在可靠的存储设备中，快速地恢复损失的用户数据，这就是数据灾难性恢复，从而使数据损失最小化。

（2）操作风险防范

移动金融支付尽可能把详细的业务规章制度和操作流程制定出来，在移动金融支付业务发展的同时，及时发现制度设计和执行上的不足，对管理制度体系进行不断的完善提升。移动金融支付要对风险责任的追究机制实行切实强化，加大查处责任人员的力度，从而使移动金融支付员工综合素质得到进一步的提高。同时，监管部门要加强移动金融支付过程的监管，适当监管移动金融支付，从而使移动金融支付风险得到有效降低。另外，要加强移动金融支付用户的操作学习，使移动金融支付用户快速熟悉整个移动金融支付系统的使用，减少用户的不良操作和误操作。

（3）信誉风险防范

信誉风险会对移动金融支付与新建移动金融支付用户关系产生较大影响，使金融支付服务能力降低。移动金融支付应该注重移动金融支付业务的宣传力度，树立属于"自己"的良好品牌。移动金融支付的内部管理要规范化、科学化，更要做好移动金融支付系统的安全防范工作。移动金融支付内部应设立专门的防范风险机构，专门对稽核业务流程、安全评估负责，从而定期分析系统安全性的测试结果及审计记录。

（4）法律风险防范

我国开展移动金融支付业务的时间不长，相应的法律法规还处于建设状态中。移动金融支付和移动金融支付用户都应加强自我保护意识，出现经济问题要尽量运用法律法规，对法律风险进行防范。法律法规部门要对移动金融支付业务实行全面跟踪参与，尽职尽责检查移动金融支付过程中可能存在的法律风险，同时开展法律咨询活动，降低法律风险。在技术安全上，利用目前执行的信息技术安全行政法规。银行应注重保管好移动金融支付数据，保证金融数据的合理性，做好必要的准备迎接可能的纠纷或投诉。

移动金融支付业务风险防范的主要措施：①规范移动金融支付业务办理规范，加强提示义务；②制作规范严格的移动金融支付合同文本；③强调移动金融支付客户规范签订合同；④强化移动金融支付客户的安全使用意识；⑤建立和完善对资金盗刷等突发事件的预警和快速救助机制。

5.5　移动金融支付接入方式的分析

目前移动金融支付的接入方式比较多，典型的接入方式有以下几种。

5.5.1　移动话费代收费方式

这种类型的移动金融支付主要是通过移动金融支付账号进行金融支付。移动金融支付用户在进行金融支付时，使用移动金融支付的账户信息进行金融支付。

优点：实时性强、手续简单、容易掌控等。在这种方式中，移动通信运营商可为移动手机用户提供安全的、强大的、可靠的技术支撑，移动金融支付也为移动手机用户提供了良好的金融支付服务和信任保障机制。

缺点：缺乏安全性，手机丢失后需要重新补办 SIM 卡，此时需要移动通信运营商和移动金融支付服务的支持。此外，移动金融支付类病毒猛增，对移动金融支付的安全性将会造成严重威胁。

5.5.2 移动金融支付卡捆绑缴费金融支付方式

这种类型的金融支付方式主要是从移动手机用户开通的移动金融支付账户（或借记账户）中直接进行扣除。

优点：方便操作、快捷支付、实时支付等，并且手机缴费不需要排队。

缺点：容易发生"一损俱损"的事故。在近几年的新闻报道中，就有多起注销手机号而未注销银行卡捆绑、移动金融支付私密性信息保管不当、第三方金融支付被盗刷事件等，当手机换号后也需要到移动金融支付重新办理与移动金融支付签约安全、关联协议等相关安全协议。

5.5.3 通过手机上网方式、金融支付平台等进行第三方无绑定移动金融支付方式

当移动手机用户与移动金融支付没有开通移动金融支付功能时，可以通过手机上网方式、金融支付平台等方式进行移动金融支付业务。

优点：（1）实现了便捷、实时的移动金融支付。这种金融支付在手机屏幕上不需要跳转操作页面，不需要频繁输入银行账号、密码信息、验证码信息等就可以实现移动金融支付过程，大大简化了移动金融支付在线金融支付的操作过程。（2）大大简化了手机操作过程，减少了被钓鱼软件进行钓鱼的可能性。（3）通过第三方金融支付平台，实现了移动手机用户跨平台、跨终端、跨系统的无障碍移动金融支付活动，较好地推动了移动金融支付的快速发展。

缺点：手机操作安全性较低。由于是手机直接上网、直接使用金融支付平台，不用输入账号、密码信息，因而不法分子、病毒软件等可轻易地

盗走手机卡上的银行信息及资金。

5.5.4 基于 NFC（Near Field Communication）的近场移动金融支付系统

NFC 是一种新兴的移动金融支付手段，是一种通过非接触式网络传输手机（移动终端、iPAD 等）数据的业务。NFC 跨越移动通信运营商、移动互联网、金融机构和第三方支付服务等行业，使用非接触式芯片，可以在本地或接入端完成移动金融支付活动。

优点：较好的方便性，成本低，具有良好的安全性、可扩展性。NFC 支付系统具有可靠的移动金融支付软件，简化了移动金融支付流程，更快速地推动了移动金融支付业务，为移动金融支付用户提供多样化、个性化的增值服务，实现了移动金融支付与实体银行的相互融合。

缺点：NFC 虽已投入大量使用，其相应的金融支付软件安全性、可靠性方面还有待提高和完善，并且应用领域相对较窄。NFC 移动金融支付的标准还需要统一，业务管理需要规范，需要规避政策风险等。

5.5.5 手机钱包在线小额金融支付方式

手机钱包在线小额金融支付主要通过第三方的应用软件或平台进行，有两种类型的金融支付方式：一种是手机钱包在线小额金融支付，主要是指移动通信运营商与移动金融支付机构联合开发的基于手机短信、语音、WAP 等操作方式的小额电子钱包金融支付。另一种是通过第三方开发的移动金融支付平台，如微信红包、支付宝、中国电信的翼支付等进行移动金融支付活动。这些钱包具有支付方便、快捷、实时性好、额度小、安全性非常好等优点。

5.6   本章小结

　　首先对银行业系统性风险进行了论述，综述了银行业系统性风险的主要影响及银行业系统性风险包括的主要内容。然后针对湖北地区五大国有银行的市场资产数据收益率进行理论总结和实证分析研究，有效地评价了湖北地区五大国有银行的系统性风险状况。

　　对移动金融支付中的风险问题及风险防范的对策问题进行了研究。构造了一种移动金融支付的系统构架、移动金融支付的信息安全技术和移动金融支付风险的防范机制等。

第 6 章
移动金融支付风险指标体系

6.1 移动金融支付风险指标

在移动金融支付业务迅速发展的同时，移动金融支付的安全与风险问题也成为移动金融支付应用过程中的关键性问题。

移动金融支付业务的各种创新性、移动通信技术的快速发展、移动金融支付系统的可靠性、风险防范意识不足等也是移动金融支付风险的主要成因。移动金融支付除了面临传统银行机构所具有的信用风险、市场风险、流动性风险、外汇风险等风险以外，同时还面临基于其自身特点的金融支付业务风险。

移动金融支付风险指标体系设计的原则和思路可概括为：一是在选取移动金融支付风险评价指标的过程中，需要考虑（1）代表性，选取金融风险评价指标是为了使移动金融支付风险评价全面与准确；（2）稳定性，在设计金融风险评价指标体系时要充分考虑到移动金融支付发展过程中的不确定性、技术更新快、动态性和适应性。二是要考虑到移动金融支付与实体银行存在的差异，从技术发展的角度来看，移动金融支付所带来的优势与威胁都越发突出，涵盖了移动通信技术、金融机构、互联网技术、社会等领域。

移动金融支付作为互联网金融的一种创新支付业务，银保监会等金融行业主管部门对发展过程中的安全和风险问题也非常重视。为加强电子银行业务的风险管理，从 2010 年开始，各大银行机构都相应地推出了《移动金融支付业务管理规定》，为移动金融支付的风险管理提供了政策依据。如《中国建设银行手机银行业务管理规定》《中国农业银行手机银行业务管理办法（试行）》《湖南省农村信用社手机银行业务管理办法》等。本书从目前移动金融支付面临的风险出发，依据 2006 年中国银监会发布的《电子银行安全评估指引》及各大银行机构的《移动金融支付管理办法》，提出了移动金融支付风险评估的指标体系，主要包括移动金融支付内控制度、风险管理、系统安全性、业务连续性管理、应急计划及处理能力、风险预警体系六个方面，组成移动金融支付风险评估的一级指标（李宏达，2014）。

表6-1　移动金融支付风险评估的指标体系

序号	一级指标	二级指标	评估要素
1	系统安全性	安全策略制定流程与合理性	安全策略制定的组织机构、策略编制、策略评审和更新
2		网络安全	网络设备安全、网络系统安全、接入访问控制、入侵防范、恶意代码防护等
3		服务器、终端安全	服务器安全、移动终端安全等
4		应用安全	移动金融支付客户端安全、移动终端应用安全、服务器端应用系统安全等
5		数据、个人信息的安全性	移动金融支付客户信息认证与保密、数据完整性、密钥管理、数据备份与恢复等
6	移动金融支付内控制度	移动金融支付内部控制体系的科学性与适宜性	移动金融支付内控组织机构、政策、目标、体系文件、机构职责、人员管理等
7		移动金融支付内部审计制度的建设支付过程情况	移动金融支付内审组织、内审实施、内审监督
8	风险管理	移动金融支付风险管理架构的适应性和合理性	移动金融支付风险管理组织机构、制度规范、管理人员、机构职责等
9		主要移动金融支付风险及其管理状况	移动金融支付风险识别、风险评估、风险处理
10	业务连续性管理	保障移动金融支付业务连续运营的设备和能力	系统可用性保证、备份恢复能力、容量规划、业务连续影响分析
11	应急计划及处理能力	应急制度建设与执行情况	应急制度、应急事件分析、应急计划培训、演练情况
12		应急设施、配备设备	应急中心、应急协调组织、应急设施资源、应急设备操作等
13	风险预警体系	体系的合理性和适应性	组织机构职责、指标体系的全面性、指标体系的可操作性

6.2 移动金融支付风险评价

移动金融支付的风险评价是对已经识别的移动金融支付风险进行评价，分析该金融支付风险发生的可能性以及危害程度。当该金融支付风险发生后，金融支付风险评价也是对项目的责任范围、质量目标、日程和相应成本目标等产生的危害程度进行综合评价。目前主要的金融支付风险评价指标包括风险发生概率、风险严重程度、风险系数等。

6.2.1 风险发生概率

风险发生概率是指移动金融支付风险在单位时间内可能发生的概率（单位时间根据相关风险模型可以设置不同的时间参数，通常设置为1周）。概率等级根据评价需求可以从低到高分为5级，相应的取值分别为1至5。表6-2为移动金融支付风险发生概率等级的列表。

表6-2 移动金融支付风险发生概率等级

风险发生概率等级	取值	风险发生概率描述
很高	5	有0.05%以上的移动用户发生风险
较高	4	有0.04%至0.05%的移动用户发生风险
中等	3	有0.03%至0.04%的移动用户发生风险
较低	2	有0.02%至0.03%的移动用户发生风险
很低	1	有0.01%及以下的移动用户发生风险

6.2.2 风险严重程度

风险严重程度是指移动金融支付风险在单位时间内对移动用户造成的危害程度，风险严重程度等级根据评价需求可以从低到高分为5级，取值也分别表示为1至5。表6-3为移动金融支付风险严重程度等级的列表。

表 6 - 3　移动金融支付风险严重程度等级

风险严重性等级	取值	风险严重性等级描述
很高	5	支付合计金额在 50 万元以上的移动用户
较高	4	支付合计金额在 35 万 ~ 50 万元的移动用户
中等	3	支付合计金额在 25 万 ~ 35 万元的移动用户
较低	2	支付合计金额在 10 万 ~ 25 万元的移动用户
很低	1	支付合计金额在 1 万 ~ 10 万元的移动用户

6.2.3　风险系数

　　风险系数是指移动金融支付风险在单位时间内发生概率等级与风险严重程度等级的乘积，其结果为 1 到 25。表 6 - 4 为移动金融支付风险系数等级的列表。

表 6 - 4　移动金融支付风险系数等级

项目	很低 1	较低 2	中等 3	较高 4	很高 5
很高 5	5	10	15	20	25
较高 4	4	8	12	16	20
中等 3	3	6	9	12	15
较低 2	2	3	6	8	10
很低 1	1	2	3	4	5

6.3　移动金融支付风险的防范措施

　　从表 6 - 4 可以看出，移动金融支付风险系数等级可以分为 1 ~ 25。当移动金融支付风险系数为 15 ~ 25 的风险系数等级时，可采用规避或化解的应对策略，制订规避计划和应急措施；当移动金融支付风险系数为 5 ~ 12 的风险系数等级时，可采用缓解的应对策略，对风险进行监管；当移动金融支付风险系数为 1 ~ 5 的风险系数等级时，这类风险影响极小，可以采用接受风险的应对策略。

为了较好地完善移动金融支付风险的评价及防范移动金融支付风险，需要对一些相关移动金融支付风险的发生次数、日常操作规范性、凭证完整性、风险事项处理及时性、稽核检查及时性等量化指标进行防范及控制。其相关内容有以下几方面。

6.3.1 风险发生次数

风险发生次数是指移动金融支付风险在单位时间内连续发生的次数（单位时间与前面相同，设置为 1 个月），根据风险发生次数的多少可以将风险分为 3 个级别，取值分别为 1 ~ 3，如表 6 – 5 所示。

表 6 – 5　移动金融支付风险发生次数的等级

风险发生次数等级	取值	风险发生次数等级描述
高	3	金融支付风险发生的次数在 7 次以上
中	2	金融支付风险发生的次数在 4 ~ 7 次
低	1	金融支付风险发生的次数在 1 ~ 3 次

6.3.2 操作规范性风险

操作规范性风险是指移动金融支付各部门按业务规程操作的情况（单位时间与前面相同，设置为 1 个月），根据违规或出错等发生次数的多少可以将操作规范性风险分为 3 个级别，取值分别为 1 ~ 3，如表 6 – 6 所示。

表 6 – 6　移动金融支付操作规范性风险发生次数的等级

操作规范性风险等级	取值	操作规范性风险等级描述
高	3	违规或出错等累计在 7 次及以上
中	2	违规或出错等累计在 4 ~ 7 次
低	1	违规或出错等累计在 1 ~ 3 次

6.3.3 凭证完整性风险

凭证完整性风险指移动金融支付各部门办理业务时出具的凭证是否完整或记录是否正确的情况（单位时间与前面相同，设置为 1 个月），根据违规或出错等发生次数的多少可以将凭证完整性风险分为 3 个级别，取值分别为 1 ~ 3，如表 6 -7 所示。

表 6 -7　移动金融支付凭证完整性风险发生次数的等级

凭证完整性风险等级	取值	凭证完整性风险等级描述
高	3	违规或出错等累计在 7 次及以上
中	2	违规或出错等累计在 4 ~ 7 次
低	1	违规或出错等累计在 1 ~ 3 次

6.3.4 事项处理及时性风险

事项处理及时性风险是指移动金融支付事项中自动监控或事后人工发现的风险项目或异常风险事项的处理及时性（单位时间与前面相同，设置为 1 个月），根据违规或出错等发生次数的多少可以将事项处理及时性风险级别分为 3 个级别，取值分别为 1 ~ 3，如表 6 -8 所示。

表 6 -8　移动金融支付事项处理及时性风险发生次数的等级

事项处理及时性风险等级	取值	事项处理及时性风险等级描述
高	3	事项处理及时性风险在 7 次及以上
中	2	事项处理及时性风险在 4 ~ 7 次
低	1	事项处理及时性风险在 1 ~ 3 次

6.3.5 稽核检查及时性风险

稽核检查及时性风险是指移动金融支付按制度规定及时进行稽核事项检查（单位时间与前面相同，设置为 1 个月），根据稽核检查及时性等发生风险次数的多少将稽核检查及时性风险分为 3 个级别，取值分别为 1 ~ 3，如表 6 -9 所示。

表 6-9 移动金融支付稽核检查及时性风险发生次数的等级

稽核检查及时性风险等级	取值	稽核检查及时性风险等级描述
高	3	稽核检查及时性风险在 4 次及以上
中	2	稽核检查及时性风险在 2~3 次
低	1	稽核检查及时性风险为 1 次

6.4 本章小结

首先对移动金融支付风险指标体系进行了研究，提出了主要包括移动金融支付内控制度、风险管理、系统安全性、业务连续性管理、应急计划及处理能力、风险预警体系六个方面的一级指标，在一级指标体系下又有 14 个二级指标，从而组成了移动金融支付风险评估的指标体系。

描述和量化了移动金融支付风险的防范措施，主要有风险发生次数、操作规范性风险、凭证完整性风险、事项处理及时性风险、稽核检查及时性风险等风险等级，促进了移动金融支付风险的防范。

第 7 章

移动金融支付用户的多维信任模型及评价机制研究

7.1 移动金融支付用户信任度

由于移动金融支付业务主要是在手机号码的基础上绑定银行银联卡、信用卡等来完成移动金融支付服务，与网络银行相比（通常是指 PC 端），移动金融支付的主要优点体现在"无处不在"。换句话说就是，在移动通信平台、移动金融支付系统和智能手机的帮助下，智能手机用户可以在任何时间、任何地点完成金融支付服务，从而促进智能手机用户对移动金融支付的使用。然而，智能手机也有局限性，如狭小的屏幕、不方便的信息输入及处理速度缓慢等，还有智能手机操作系统的多样性、智能手机操作系统的稳定性、移动通信网络的安全性、智能手机用户与移动金融支付之间的信任等问题。

在这种由多个服务平台、多个服务机构、多种技术服务组成的移动性、动态性和分布式的移动金融支付应用系统中，系统对智能手机用户、移动金融支付服务机构、移动通信运营商等缺乏良好的约束、管理和监控机制。移动金融支付应用系统实体行为可表现为移动性、动态性、不安全性及不确定性，实体间缺乏良好的信任，大量的欺骗行为和不可信任的行为就会随之而来，从而导致移动金融支付用户、移动金融支付机构和移动通信运营商间的移动金融支付存在极大的风险性，从而制约了智能手机用户对移动金融支付的接受和使用。

在 4G 移动通信网络、互联网环境下，移动金融支付用户信任、移动金融支付服务质量、4G 技术的保障是移动金融支付成功支付的重要因素。因此，建立有效的移动金融支付信任评价机制、信任管理机制，对移动金融支付、移动通信运营商和智能手机用户的行为特征进行可信度评估，对于移动金融支付的快捷性、完整性和安全性等问题具有重大意义。

在移动金融支付环境下，移动金融支付用户已经从一个普通的手机使用者转变成具有银行用户和移动通信者双重身份的移动金融支付用户，移动金融支付用户可以通过手机进行相应的查询、转账、缴费业务、购物业务、个人理财服务等各种传统银行服务业务。

进入移动金融支付时代，由于移动金融支付不受时间、空间、地域等限制，能够在任何时间、任何地点、以任何方式（3A）为移动金融支付用户提供各种金融支付服务，这些金融支付过程会使移动金融支付用户感觉到移动金融支付的快捷和方便。移动金融支付用户不仅会感受到移动金融支付带来的便捷性，同时也应该了解在使用移动金融支付过程中的金融风险问题，特别是移动金融支付用户的信任风险。

7.2 移动金融支付用户的多维信任模型

7.2.1 移动金融支付体验度

移动金融支付体验度被定义为一个整体的感觉，即当用户使用智能手机进行移动金融支付时的整体感觉。移动金融支付过程的特点有：（1）通过智能手机，根据屏幕提示信息进行相关操作；（2）智能手机用户内在的感受，自我操作意识；（3）支付操作意识的主观能动性；（4）支付操作的强化意识。支付过程也反映了智能手机用户操作手机与金融系统之间的响应程度及相关的平衡性。

7.2.2 移动金融支付多维信任的关系结构

图7-1给出了移动金融支付多维信任的关系结构。主要的信任影响因素有：结构保证、无处不在、信息质量、感知满意度和感知易用性等对初始信任和体验感具有影响的因素，而智能手机用户体验感能较好地决定信任倾向。

结构保证。结构保证作为一种重要和基础的信任机制，可以有效地建立起智能手机用户对于移动金融支付的信任，并减少其手机上金融支付的感知风险。结构保证意味着，存在充分的技术和法律保障，以确保移动金融支付的支付体系结构和支付安全结构，从而与智能手机用户建立初始信任。结构保证也能使智能手机用户较好地体验移动金融支付的优势。

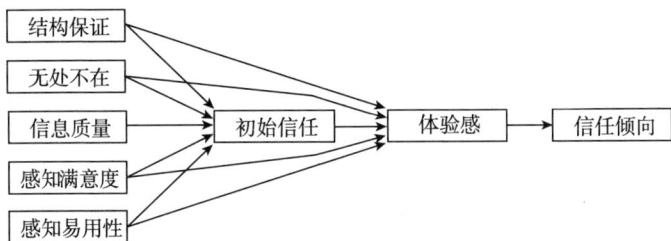

图7-1　移动金融支付多维信任的关系结构

无处不在。无处不在意味着在移动手机与移动通信平台、移动金融支付系统的配合下，智能手机用户可以在任何时间、任何地方访问移动金融支付系统，使移动金融支付系统可以向智能手机用户提供无所不在的服务。

信息质量。信息质量是指智能手机、移动通信运营商和移动金融支付服务机构间履行其移动金融支付过程所需要的技术、技能、传输数据的安全性以及数据的传输质量保障等。信息质量体现了服务供应商提供的技术保证、信守承诺、不欺骗智能手机用户等。信息质量会影响智能手机用户的初始信任和体验感。

感知满意度。在移动金融支付环境下，感知满意度主要是指3G、4G智能手机用户持续参与移动金融支付进行金融支付活动、金融支付行为和金融支付意愿的程度。感知满意度能较好地提高3G、4G智能手机用户移动金融支付的初始信任和体验感。

感知易用性。感知易用性主要反映了智能手机用户使用移动金融支付时的难易程度。由于智能手机的一些限制，如手机的屏幕小、多屏不方便操作与输入，智能手机用户不能像PC端那样方便地进行移动金融支付。感知易用性有利于提高智能手机用户信任度及对移动金融支付使用的体验感。

信任。信任是对人、事或物的性质陈述，体现为可靠或值得依赖。信任可以作为人类进行交往或交换的基础中普遍接受的属性。在本书中，信任反映了3G、4G智能手机用户与移动金融支付服务提供商间的关系与共同利益。而初始信任也会影响3G、4G智能手机用户的体验感。信任提供了使用移动金融支付的基本保证，移动金融支付用户与移动金融支付机构建立了移动金融支付服务及其他相关的服务后，用户就会感到使用3G、4G智能手机进行移动金融支付有保证，将获得更好的体验感。

初始信任和体验感。在移动金融支付中，初始信任可以定义为移动手机用户首次接触或首次使用移动金融支付形成的信任态度。初始信任来源于移动手机用户和移动金融支付机构间的信任，在信任双方初次交流、体验时形成的信任程度也是初始信任。初始信任是移动金融支付的一种初级信任态度。如果移动手机用户在初次交流时不能建立初始信任，他就会转向其他类型的金融支付，这就意味着失去了潜在的移动金融支付用户。初始信任缓解了使用移动金融支付过程中的一些不确定性、不可靠性、不安全性以及信任风险等，并促进移动金融支付用户满意移动金融支付的金融支付行为。体验感是移动金融支付用户在使用移动金融支付过程中建立起来的一种纯主观感受。但是对于移动金融支付用户群体来讲，其用户体验感的共性就是能够经由良好的移动金融支付服务的实验来认识。初始信任和体验感将会影响智能移动金融支付用户的使用意愿，促进移动金融支付用户体验感获得最佳效用，同时也利于提升移动金融支付用户的信任倾向和信任程度。

7.2.3 多维信任的移动金融支付风险评价指标

（1）移动金融支付用户的直接信任度模型。为了提高移动金融支付用户与移动金融支付机构间信任评价指标的可行性、准确性和动态适应性，在本书中，建立了一个直接信任度模型：将一段时间内的移动金融支付业务分为 n 个业务，用 t_1，t_2，$\cdots$，t_n 来表示，在第 n 次金融支付业务时间内，假定移动金融支付业务 i 和移动金融支付业务 j 之间进行金融支付的次数为 m，则移动金融支付用户的直接信任度模型 $D_n(i, j)$ 可表示为

$$D_n(i,j) = \begin{cases} \dfrac{\sum\limits_{k=1}^{m} f(i,j)}{m}, m \neq 0 \\ \\ 0, m = 0 \end{cases} \qquad (7-1)$$

其中，m 表示在第 n 次业务内，智能手机用户 i 与移动金融支付业务 j 之间进行金融支付的总次数，k 是金融支付次数编号；$f(i,j)$ 为智能手机用户 i 与移动金融支付业务 j 之间的信任倾向值。

（2）移动金融支付用户的信任衰减模型。当移动金融支付用户在第 k 次移动金融支付业务内发生金融支付时，若出现不正常金融支付业务及其他的风险金融支付，其用户信任度就要进行衰减处理。这种衰减处理在计算信任度时要与当前信任度进行一定信任折扣处理幅度模型称为信任衰减模型，可表示为

$$g(k) = g_k = \rho_{fade}^{n-k}, \rho_{fade} \in (0,1) \cap k \in [1,n] \qquad (7-2)$$

其中，ρ_{fade} 为时间衰减率。

（3）移动金融支付业务的信任度模型。用 $PT(i,j)$ 表示移动金融支付业务 i 对移动金融支付业务 j 的信任度，考虑第 n 次移动金融支付业务的过程，从而可以用式（7-3）进行计算：

$$PT_n(i,j) = \alpha \cdot D_n(i,j) + (1-\alpha) \cdot R_n(i,j), \alpha \in [0,1] \qquad (7-3)$$

其中，α（$0 < \alpha < 1$）为用户信任度调节因子，其取值大小与移动金融支付信任评价的主体有直接关系，主要表现为间接信任与直接信任的重视程度或相关性。

（4）移动金融支付用户最终的信任评价模型。假设移动金融支付业务 i 对移动金融支付业务 j 的长期信任度为 $LT(i,j)$，第 $n+1$ 个移动金融支付业务时间后移动金融支付业务 i 对移动金融支付业务 j 的长期信任度可表示为

$$LT_{n+1}(i,j) = [LT_n(i,j)n + PT_{n+1}(i,j)]/(n+1) \qquad (7-4)$$

从而最终移动金融支付业务的信任评价结果 $T_n(i,j)$ 可以取近期信

任和长期信任二者中的最小值，即 $T_n (i, j) = \min \left[ST_n (i, j), LT_n (i, j) \right]$。

7.3 移动金融支付用户的多维信任评价机制

7.3.1 调研对象

主要调研对象：（1）武汉地区的3家通信公司和5家移动金融支付机构。主要针对移动通信运营商、银行机构的工作人员等进行问卷调查，对它们的相关管理人员、技术人员等进行问卷访谈，对移动金融支付用户、银行用户以及手机用户等人员进行问卷调查。（2）本书还对不同场所的社会人员按照职业、学历、年龄、性别等进行分类调查统计，主要场所是指社会活动相对集中的场所，如商场、广场、高新科技园区等，以确保调研数据的科学性、合理性。

7.3.2 样本数据的收集

本书的调研方法主要采用了问卷调查法，并设计了问卷调查表。问卷调查表的设计由两部分内容组成：第一部分的调查对象主要是人口统计特征；第二部分的调查对象主要是多维信任评价模型中结构变量的测度值。首先请教了国内2个移动金融支付方面的专家和2个在高校从事金融研究的教授，请他们对问卷调查表的设计、内容等进行了评阅，然后根据他们的评阅意见对问卷调查表进行了修正。问卷调查表的主要内容如表7–1所示。

表7-1　问卷调查表的部分内容

测量因素	测量值	主要内容
信息质量	1	移动金融支付能提供安全、稳定的金融支付信息平台
	2	移动金融支付能提供及时的金融支付信息平台
	3	移动金融支付能提供可靠的用户认证、金融信息查询、金融支付
无处不在	1	使用移动金融支付可以随时进行金融交易，不受时间、地域限制
	2	使用移动金融支付可以随地进行金融交易，不受时间限制
	3	使用移动金融支付可以随时进行金融交易，不受地域限制
初始信任	1	移动金融支付能够非常好地提供准确、快捷、方便的金融交易服务
	2	移动金融支付能够提供安全、可靠的金融交易服务
体验感	1	我计划开通移动金融支付服务
	2	我不开通移动金融支付服务
感知风险	1	对移动金融支付具有较好的认识
	2	对移动金融支付具有一般的认识
	3	对移动金融支付具有较差的认识
感知满意度	1	用户的移动金融支付声誉、服务质量非常好，4G 通信质量非常好
	2	用户的移动金融支付声誉、服务质量一般，4G 通信质量一般
	3	用户的移动金融支付声誉、服务质量较差，4G 通信质量较差
自我效能	1	对完成移动金融支付过程表现出优秀
	2	对完成移动金融支付过程表现出良好
	3	对完成移动金融支付过程表现出一般
	4	对完成移动金融支付过程表现出比较差
结构保证	1	用户信任在4G 移动通信技术、移动金融支付安全认证、数据信息安全和其他技术等的移动金融支付交易系统中安全性、可靠性、通畅性非常好
	2	用户信任在4G 移动通信技术、移动金融支付安全认证、数据信息安全和其他技术等的移动金融支付交易系统中安全性、可靠性、通畅性一般
	3	用户信任在4G 移动通信技术、移动金融支付安全认证、数据信息安全和其他技术等的移动金融支付交易系统中安全性、可靠性、通畅性较差
信任倾向	1	我已经开通了移动金融支付服务
	2	我准备开通移动金融支付服务

　　为了较好地验证信任评价模型的可靠性，本书组织了8名在校大学生进行互联网问卷和实地调查，开展了样本的收集整理工作。本书采用了互

联网问卷和实地调查法对移动金融支付的多维信任模型进行验证分析、评价研究和应用，从多维信任评价方面为移动金融支付业务的稳步、健康发展提供相关的理论依据及金融风险防范措施。互联网调查主要是通过互联网、手机等对年轻人、在校学生等进行互联网调研，这些年轻人、在校大学生已经或正在接受高等教育及互联网技术、移动通信技术、金融学等方面的教育，是移动金融支付业务最重要、最信任的潜在用户。

实地调查的方法可概括为三种：一是在武汉东湖高新区内的3家移动通信公司的6个营业厅；二是在武汉东湖高新区内的5家移动金融支付的15个营业厅；三是进行互联网上的问卷调研。在三种实证调研方式中，一共发放了800份问卷调查表（实地问卷400份、互联网问卷400份），回收了746份问卷调查表，剔除了38份填写不完整或无效的问卷后，有效问卷调查表为708份。问卷调查表样本特征分布情况如表7-2所示。

表7-2　样本特征分布表（N=746）

人员结构	选项结构	数量（人）	比例（%）	人员结构	选项结构	数量（人）	比例（%）
性别	男性	421	56.4	职业	银行员工	60	8
	女性	325	43.6		通信员工	30	4
年龄	<20岁	66	8.8		企业员工	342	45.9
	20~30岁	223	29.9		公务员	53	7.1
	30~40岁	202	27.1		事业单位	218	29.2
	40~50岁	173	23.2		其他职业	43	5.8
	>50岁	82	11	月收入	<2000元	56	7.5
受教育程度	高中	56	7.5		2000~4000元	167	22.4
	大专	132	17.7		4000~6000元	280	37.5
	本科	296	39.7		6000~8000元	128	17.2
	研究生以上	262	35.1		>8000元	115	15.4

数据分析将从移动金融支付用户的直接信任度、移动金融支付用户的信任衰减、移动金融支付业务的信任度和移动金融支付用户最终的信任评价机制等几个方面进行评价分析。

在收集到的746份问卷调查表中，男性比女性使用移动金融支付进行金融支付的人数多，表明男性比女性在使用移动金融支付进行金融支付中有更好的初始信任、体验感和直接信任度。在年龄结构方面，由于年轻人接受新技术、新服务方式的速度非常快，更想了解新事物、新技术和新观点，从而能更好地体验移动金融支付业务，并且具有更高的信任度。从职业结构方面来看，事业单位员工、高新企业员工等使用移动金融支付的比例要高于其他职业，从而其移动金融支付的信任度也较高。

7.3.3 信任因素之间的相互关系分析

图7-2展示了移动金融支付用户信任倾向与结构保证之间的协调关系。从图中可以看出，结构保证措施越完善、越规范，智能手机用户对移动金融支付的信任倾向也就越好。调研的结果表明，智能手机用户对移动金融支付机构的结构保证看得比较重要，也说明用户对移动金融支付的安全性、制度、规范性等整个的结构保证要求也高，从而更好地表明智能手机用户与移动金融支付服务机构间的信任倾向越好。

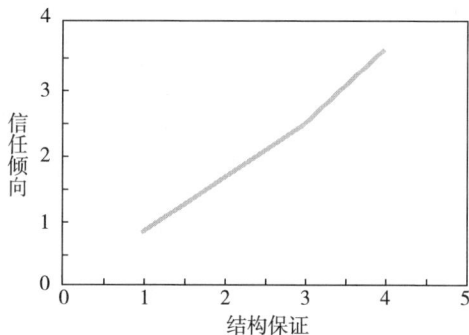

图7-2　信任倾向与结构保证的协调关系

图7-3展示了移动金融支付信任倾向与无处不在之间的协调关系。4G移动通信覆盖的地域、移动金融支付的安全性、金融支付的质量、金融支付的速度等方面对移动金融支付的信任倾向也是非常重要。从调研的分析结果中可以看出，4G移动通信技术越先进，其覆盖的地域就越广，移动金融支付的安全性、支付质量就越好，支付的速度就越快，其信任倾

向也就越好。说明移动金融支付与移动通信运营商之间要更好地实现无缝对接，保证金融数据信息的安全性，为移动金融支付提供最好的服务。

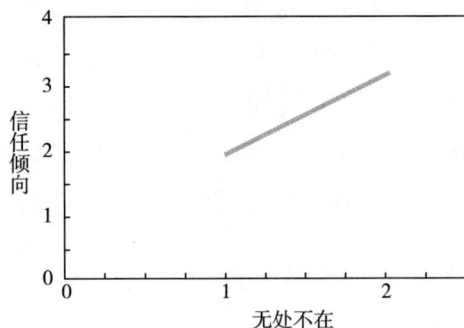

图7–3 信任倾向与无处不在的协调关系

图7–4展示了移动金融支付信任倾向与信息质量之间的协调关系。从调研分析的结果中可以看出，4G移动通信技术的数据传输质量、速度、可靠性、数据的安全性等对移动金融支付用户的信任倾向起着重要的促进作用。调研结果表明，4G移动通信技术的数据传输质量、速度、可靠性、数据的安全性等信息质量越高，其智能手机用户的信任倾向也就越高。

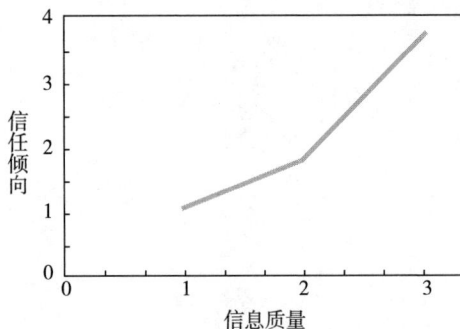

图7–4 信任倾向与信息质量的协调关系

图7–5展示了移动金融支付的初始信任对信任倾向具有较好的感知作用。当移动金融支付能为智能手机用户提供具有更高的金融数据信息安全性、可靠性、无处不在、操作简捷性等的移动金融支付服务时，移动金融支付用户对移动金融支付的初始信任程度也越高。

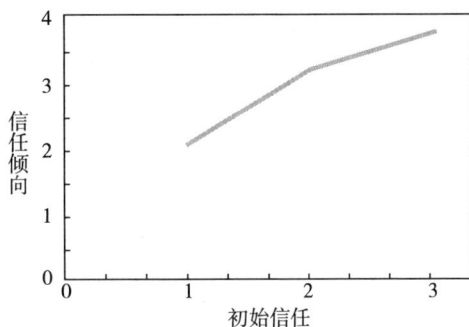

图7-5 信任倾向与初始信任的协调关系

图7-6展示了智能手机用户感知满意度与移动金融支付信任倾向之间的协调关系。从调研分析的结果中可以看出，移动金融支付的风险程度与服务质量、移动通信运营商的数据传输质量、移动金融支付与移动通信运营商间的无缝对接等质量越高，则手机用户的满意度也就越高，从而手机用户使用移动金融支付进行金融支付也就越多。

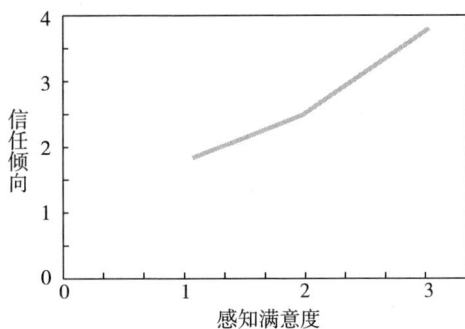

图7-6 信任倾向与感知满意度的协调关系

图7-7展示了智能手机用户信任度与移动金融支付次数之间的协调关系。从调研分析结果来看，智能手机用户使用移动金融支付进行金融支付已经有了初步的信任，从第一次尝试，到进行移动金融支付次数越多，表明他们对移动金融支付的信任度也就越高，表明其移动金融支付的安全性、可靠性也越好，同时他们也能较好地宣传移动金融支付使用的优势。

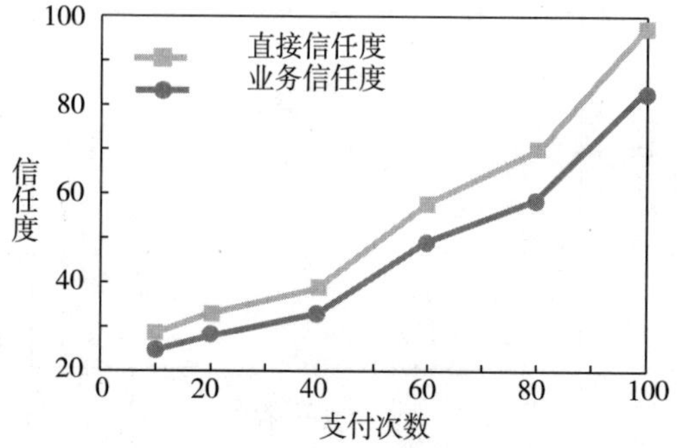

图7-7　信任度与支付次数的协调关系

7.3.4　多维信任之间的相互关系分析

　　图7-8展示了移动金融支付与不同年龄结构之间信任关系的比较。从调研数据的分析结果来看，30岁左右的年轻人对移动金融支付业务掌握得较快，其初始信任度、直接信任度、金融支付业务的信任度以及最终信任度等也是最高的，而且其信任衰减值最低。50岁以上的中老年人由于对移动金融支付的操作能力及适应性相对低，则其初始信任度比较低，从而导致其对移动金融支付的初始信任度、直接信任度及最终信任度等也是最低的，同时由于3G、4G手机的屏幕较小、操作相对复杂，也容易导致一些误操作的发生，从而其信任衰减也就增长较快。调研结果表明，年轻人对移动通信技术、手机的各种创新应用、移动金融支付业务等掌握与操作更加好，说明其对移动金融支付是最信任和最容易接受的。

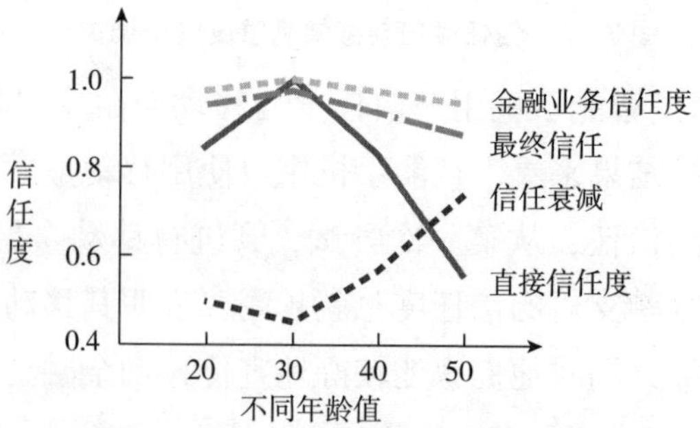

图7-8　移动金融支付与不同年龄结构间信任关系的比较

图7-9展示了移动金融支付与受教育程度信任关系的比较。从调研分析的结果来看，受教育程度越高，对移动通信技术、手机的新应用、移动金融支付业务等的理解程度、掌握程度也越好，使用程度也是最方便和快捷的，对移动金融支付业务的初始信任度、直接信任度、金融支付业务信任度及最终信任度就越高。受教育程度越高，对技术的了解、掌握程度也就越快，从而对智能手机的操作也就越灵活，误操作也越少，对移动金融支付的信任衰减值也会越低。调研结果表明，受教育程度越高，对4G移动通信技术、4G手机的创新应用、移动金融支付业务等掌握、了解和应用的程度也就越高。

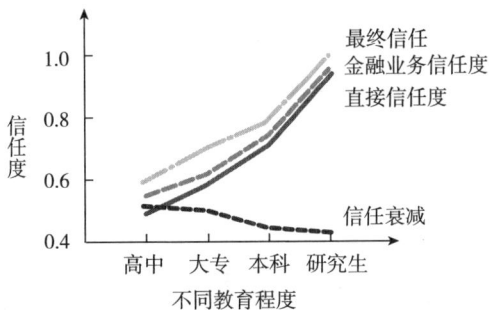

图7-9　移动金融支付与受教育程度信任关系的比较

图7-10展示了移动金融支付与不同职业人员信任关系的比较。从调研分析的结果来看，高新企业工作的人员、管理岗位人员、技术岗位人员等，对3G、4G移动通信技术及智能手机的认识程度越高，其对移动金融支付的信任度、直接信任度、金融支付业务信任度及最终信任度也就越高。研究分析结果表明，在技术含量、知识含量高的岗位上，对移动通信技术、手机的创新应用、移动金融支付业务等掌握与理解的程度越高，其对移动金融支付的信任衰减也就相对较低。

图7-11展示了移动金融支付与不同收入人员信任关系的比较。从调研分析的结果来看，收入程度越高，对3G、4G移动通信技术、智能手机等新技术的需求程度也越高，他们需要更加方便、快捷、安全的金融支付方式，对移动金融支付的了解也就越多，对移动金融支付业务的认识程度也就越高，其初始信任度、直接信任度以及最终信任度也就越高。调研结

果表明，收入程度越高，相对进行金融支付业务也就越多，需要更方便、快捷的、安全的金融支付业务，进一步说明移动金融支付更能满足他们的需求，更好地促进移动金融支付的开展。

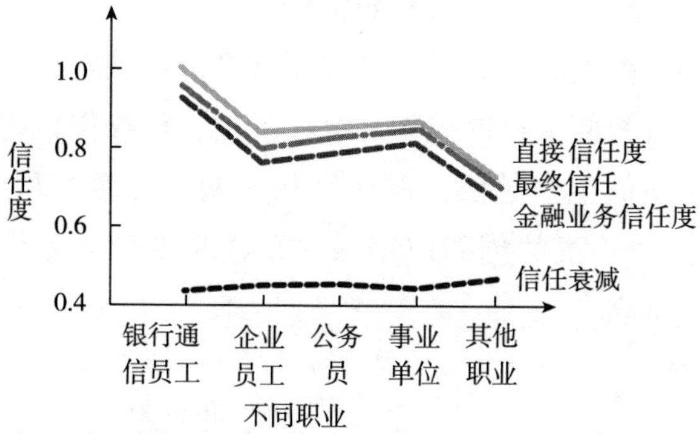

图 7 – 10　移动金融支付与不同职业人员信任关系的比较

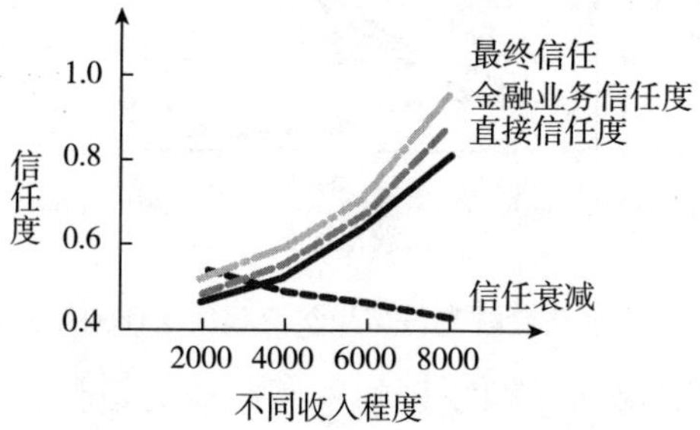

图 7 – 11　移动金融支付与不同收入人员信任关系的比较

　　本书主要是通过构建一个多维信任的综合模型，分析了当前影响移动金融支付的信任机制及信任因素（无处不在、通信质量、结构保证、初始信任、感知风险、感知满意度、体验感、信任倾向以及信任衰减等）之间的主要信任关系，提出了一种基于移动金融支付用户初始信任、直接信任度、移动金融支付业务信任度、用户信任衰减度和移动金融支付用户最终的信任评价等的多维信任移动金融支付风险评价指标体系，通过实地调研和网络调研进行了调研数据分析与比较。调查研究分析表明，多维信任的移动金融支付风险的评价指标体系需要更加注重智能手机用户无处不在、结构保证、通信质量、初始信任、感知满意度、体验感等，提升移动金融支付用户接受和信任移动金融支付服务的程度。

调查结果表明，在移动金融支付领域还需要关注三个方面的主要问题：一是较好地运用移动通信运营商统计分析平台，掌握和分析移动金融支付用户对移动金融支付的信任度。二是进一步对移动金融支付应用软件进行优化和完善，进一步提高移动通信网络、互联网中的金融数据传输安全性、可靠性和保密性等，增强移动金融支付用户的体验感。三是智能手机的跨界应用，增加更多的创新增值服务。由于受智能手机（智能终端、可穿戴移动设备、无人值守银行等）应用的迅速增长、移动金融支付发展趋势的推动，许多更先进的技术、移动金融软件、智能金融支付方式将快速推进移动金融支付领域的广泛应用。

7.4 一种多维度的移动金融支付用户信任度评价方法

这部分的研究工作主要集中在：建立了一种多维度的移动金融支付用户信任度评价方法，将移动金融支付频率与信任机制相结合，统计出移动金融支付的信任偏离程度、移动金融支付用户的信任惩罚值等，从而能较好地评价信任等级。该评价方法与其他评价机制相比较，评价更全面，所获得的评价结果更准确。该评价方法包括以下步骤：（1）根据移动金融支付用户的感知满意度、体验感、信任倾向和初始信任等，建立了一种移动金融支付用户直接信任度模型；（2）根据移动金融支付用户的体验感、信任倾向等，建立了一种移动金融支付用户间接信任度模型；（3）根据移动金融支付机构与手机用户之间的间接信任度与直接信任度，建立了一种移动金融支付业务信任度模型；（4）根据手机用户操作处理、信任衰减等，建立了一种移动金融支付信任偏离程度模型；（5）根据手机用户与移动金融支付之间的信任偏离关系，建立了一种移动金融支付用户的信任惩罚值模型，该模型可对信任偏离程度进行评价；（6）根据手机用户与移动金融支付之间的近期信任程度与长期信任程度之间的关系，建立了一种手机用户近期信任与长期信任的评价模型。图 7 – 12 展示了移动金融支付用户信任度评价流程。

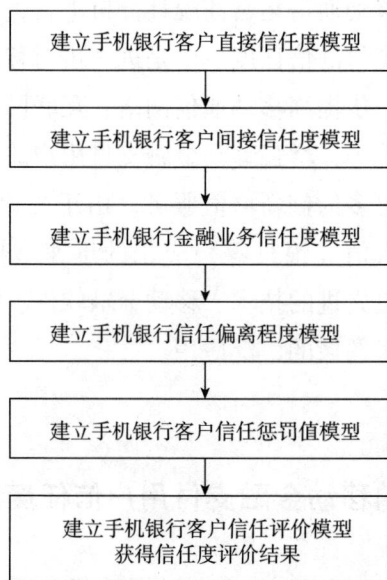

```
┌─────────────────────────────────┐
│  建立手机银行客户直接信任度模型  │
└─────────────────────────────────┘
                 ↓
┌─────────────────────────────────┐
│  建立手机银行客户间接信任度模型  │
└─────────────────────────────────┘
                 ↓
┌─────────────────────────────────┐
│  建立手机银行金融业务信任度模型  │
└─────────────────────────────────┘
                 ↓
┌─────────────────────────────────┐
│  建立手机银行信任偏离程度模型    │
└─────────────────────────────────┘
                 ↓
┌─────────────────────────────────┐
│  建立手机银行客户信任惩罚值模型  │
└─────────────────────────────────┘
                 ↓
┌─────────────────────────────────┐
│  建立手机银行客户信任评价模型    │
│  获得信任度评价结果              │
└─────────────────────────────────┘
```

图 7 – 12   移动金融支付用户信任度评价流程

多维度的移动金融支付用户信任度评价方法的评价内容主要有以下几个方面。

（1）根据移动金融支付业务时间段内的金融支付次数及额度机制，可以建立一种移动金融支付用户的直接信任度模型。由于移动金融支付用户的直接信任度与 7.2 部分中的移动金融支付用户的直接信任度模型是相同的，从而其直接信任度 $D_n(i, j)$ 可以直接采用式（7 – 1）的定义。

$$D_n(i,j) = \begin{cases} \dfrac{\sum\limits_{k=1}^{m} f(i,j)}{m}, & m \neq 0 \\ 0, & m = 0 \end{cases}$$

在实施过程中，$f(i, j)$ 可根据如式（7 – 5）获取：

$$f(i, j) = a_1 \cdot v_1 + a_2 \cdot v_2 + a_3 \cdot v_3 + a_4 \cdot v_4 + a_5 \cdot v_5 + a_6 \cdot v_6$$

$$(7 – 5)$$

其中，a_1、a_2、a_3、a_4、a_5、a_6 是调节系数，$0 < a_1 < 1$，$0 < a_2 < 1$，$0 < a_3 < 1$，$0 < a_4 < 1$，$0 < a_5 < 1$，$0 < a_6 < 1$，且 $a_1 + a_2 + a_3 + a_4 + a_5 + a_6 = 1$；$v_1$ 是指直接信任度，v_2 是指间接信任度，v_3 是指金融业务信任度，v_4 是指信任偏离度，v_5 是指信任惩罚值，v_6 是指近期信任值。

（2）建立移动金融支付用户的间接信任度模型，从而可将手机用户 i 与移动金融支付 j 之间的间接信任度 $R_n(i,j)$ 表示如下：

$$R_n(i,j) = \frac{1}{n}\Big[\sum_{k=1}^{m} D_n(i,j) \cdot IC_j\Big] \qquad (7-6)$$

其中，$D_n(i,j)$ 为第 n 次业务时间段内手机用户 i 与移动金融支付 j 之间的直接信任度值，IC_j 是通过第 k 次金融支付的间接信任表获取到的第 k 次金融支付中移动金融支付 j 对手机用户 i 的间接信任的可信度。

（3）根据手机用户与移动金融支付之间的直接信任度与间接信任度，建立移动金融支付业务信任度模型 $PT(i,j)$，由于此模型与 7.2 部分中的信任度模型相似，从而使用式（7-3）进行，即

$$PT_n(i,j) = \alpha \cdot D_n(i,j) + (1-\alpha) \cdot R_n(i,j), \alpha \in [0,1]$$

其中，α 为信任度调节因子，其主要取值范围为 $[0,1]$。

（4）根据手机用户与移动金融支付之间的信任偏离关系，建立移动金融支付信任偏离程度模型；将手机用户 i 与移动金融支付 j 之间的信任偏差值 P_{ij} 表示如下：

$$P_{ij} = \sqrt{\Big(\sum_{k=1}^{\max TZ}\{g_k[D_k(i,j) - R_k(i,j)]^2\}\Big)\Big/\sum_{k=1}^{\max TZ} g_k} \qquad (7-7)$$

其中，$\max TZ$ 为需计算信任偏差值的最大时间区间长度，其上限是整个移动金融支付业务时段；$D_k(i,j)$ 是指移动金融支付用户进行第 k 次金融支付的直接信任度，g_k 是指移动金融支付用户进行第 k 次金融支付的信任衰减值，$R_k(i,j)$ 是指移动金融支付用户进行第 k 次金融支付的间接信任度。

（5）建立移动金融支付用户信任惩罚值模型，表示如下：

$$PT_{ij} = \beta \cdot PT_{ij} - (1-\beta)(\mu \cdot P_{ij} + v \cdot Q_{ij}) \qquad (7-8)$$

其中，β 是指惩罚值系数，其主要取值范围为 $(0,1)$。u 为信任增加学

习因子，v 为信任减少学习因子，当 $u > v$ 时，信任增加的速度比信任降低的速度快。

Q_{ij} 为移动金融支付信任滥用值，可计算如下：

$$Q_{ij} = (\sum_{k=1}^{\max TZ} \{ g_k \max [(0, R_k(i,j) - P_{ij} - D_k(i,j))] \}) / \sum_{k=1}^{\max TZ} g_k \quad (7-9)$$

其中，$PT_n (i, j)$ 是指第 n 次业务中手机用户 i 与移动金融支付 j 之间的信任度；P_{ij} 是指信任偏离程度，$(\mu P_{ij} + v Q_{ij})$ 是移动金融支付 j 对手机用户 i 的惩罚值。

（6）根据手机用户 i 与移动金融支付 j 之间的近期信任值与长期信任值，建立移动金融支付用户与移动金融支付之间的信任评价模型，其信任度评价函数 $T_{n+1} (i, j)$ 可表示如下：

$$T_{n+1} (i, j) = \min [ST_{n+1} (i, j), LT_{n+1} (i, j)] \quad (7-10)$$

其中，$LT_{n+1}(i,j)$ 是指手机用户 i 与移动金融支付 j 第 $(n+1)$ 次业务后的长期信任值，则

$$LT_{n+1}(i,j) = [LT_n(i,j)n + PT_{n+1}(i,j)] / (n+1) \quad (7-11)$$

其中，$ST_{n+1}(i,j)$ 是指手机用户 i 与移动金融支付 j 第 $(n+1)$ 次业务后的近期信任值，可计算如下：

$$ST_{n+1}(i,j) = \begin{cases} (1-u)ST_n(i,j) + uPT_{n+1}(i,j), PT_{n+1}(i,j) - ST_n(i,j) \geqslant -\varepsilon \\ (1-v)ST_n(i,j) + vPT_{n+1}(i,j), 其他 \end{cases}$$

$$(7-12)$$

其中，ε 是近期信任阈值；其取值范围为 $(0, 1)$。

（7）根据上述信任度评价结果 $T_{n+1} (i, j)$，划分手机用户 i 与移动金融支付 j 之间进行金融支付的信任等级。

（8）根据手机用户与移动金融支付之间的主体信任度隶属函数关系，可以计算在各主体信任等级处的隶属度量值，并构成相应的信任向量信息，从而获取相关的信任向量。

可以用信任向量 X 表示手机用户 i 与移动金融支付 j 之间的信任度，其中，$X = \{ T_n (i, j) \}$；根据信任向量的表达形式，可以计算出多维度的移动金融支付信任评价等级。

（9）建立多维信任的移动金融支付风险模糊控制评价方法及信任评价等级数据库。根据多维信任度评价函数及信任向量，可以在 U_T 中计算出各信任评价等级，构成相应的信任评价向量，并称为多维信任评价向量。主体 x_i 对主体 x_j 的信任评价向量可用式（7-15）表示：

$$V = \{v_1, v_2, v_3, v_4, v_5, v_6\} \qquad (7-13)$$

将上述的移动金融支付的信任评价向量进行形式化描述后，就可以评价出多维信任的评价等级，最后得到相关的多维信任评价等级数据库。

7.5　本章小结

本章研究了移动金融支付多维信任的评价指标，建立了一种移动金融支付多维信任的关系结构，并对无处不在、结构保证、信息质量、初始信任、感知满意度和感知易用性等因素给予不同的评价测量值。

建立了一种多维度的移动金融支付用户信任度评价方法，并根据该评价方法，测试信任评价因素的权重值。

根据多维度的移动金融支付用户信任度评价方法，建立了一种多维度的移动金融支付用户的信任评价等级数据库，以此论证移动金融支付用户的信任评价等级。

第 8 章

移动金融支付的风险规避
决策机制研究

8.1　慢开始机制

移动金融支付风险规避是一个动态的过程，以不变应万变的手段已经不再适合现今移动金融支付对风险的管理。其研究方法将结合我国移动金融支付自身的环境特点、多维信任机制，探索有效的移动金融支付风险规避决策方法。

移动金融支付用户维持一个叫作信任等级窗口的动态变量，信任等级窗口的大小取决于移动金融支付信任等级数据库，并且动态地变化。移动金融支付用户控制信任等级的原则：只要移动金融支付没有出现不信任的支付行为，信任等级窗口就会慢慢增大，从而就有更多的移动金融支付活动；但只要有不信任的支付行为，信任等级窗口就会慢慢减少，以限制或降低移动金融支付活动。

下面将讨论信任等级的状态变量是怎样变化的。我们从慢开始机制开始分析。

当移动金融支付用户初次加入移动金融支付时，其对移动金融支付的操作过程还需要熟悉，对其各种功能还不了解、有待熟悉与提升，如果这时把大量的、大额度的移动金融支付活动注入移动金融支付，就有可能引起移动金融支付风险的发生。研究结果表明，较好的方法是先探测一下，即由少量的、小额度的移动金融支付活动到大量的移动金融支付活动，逐渐增大信任等级窗口值。也就是说，在刚刚开始使用移动金融支付进行金融支付时，可以设置一个初始的信任等级窗口，然后每进行一定次数或一定额度的金融支付后，信任等级窗口就增加一个数值，信任等级窗口慢慢增加，从而使信任等级窗口逐渐向高级别转化。

下面用一个例子说明慢开始机制的原理。我们用金融支付次数作为信任等级窗口大小增加的单位，这样可以用简单的数字来说明慢开始机制的工作原理。

在一开始使用移动金融支付进行金融支付活动时，可以设置初始的信任等级窗口 Trust = 1，当移动金融支付用户进行一次可靠、安全的金融支付活动时，就把 Trust 的数值增加 1，即从 1 变到 2；如果再次进行可靠、安全的金融支付活动，就把 Trust 的数值增加 2，即从 2 变到 4；在开始几次进行可靠、安全的金融支付活动时，就可以把 Trust 的数值加倍。为了防止信任等级窗口增长过快而引起不信任的发生，还需要设置一个慢开始的门限状态变量 TLthresh，当 Trust 的数值增加到一定的阈值时（如 TLthresh = 16），这样进行信任操作时，可以快速达到初始信任值，当达到初始信任值时，后面的每次正常的金融支付活动就可以开始增加 1。慢开始机制的用法如下：

当 Trust < TLthresh 时，使用上述慢开始方法，Trust 的数值加倍；

当 Trust > TLthresh 时，停止使用慢开始机制，而改用风险规避决策方法；

当 Trust = TLthresh 时，既可以使用慢开始方法，也可以使用风险规避决策方法。

图 8-1 展示了信任开始与信任慢增加的信任等级增加机制。

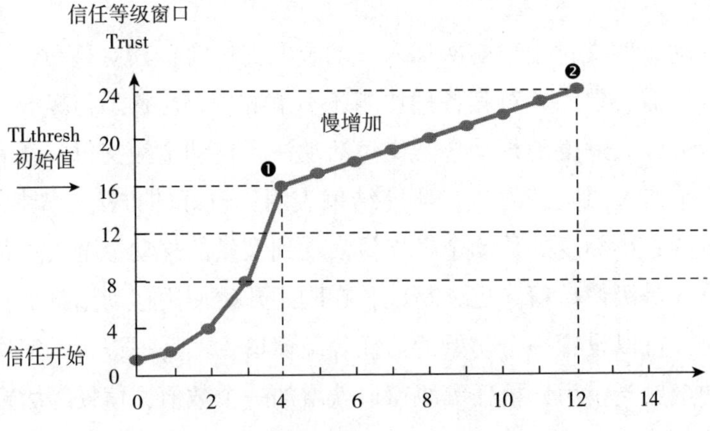

图 8-1 信任开始与信任慢增加机制

8.2 风险规避决策

　　风险规避决策的基本思路是让信任等级窗口 Trust 缓慢地增大，每经过一定正常的移动金融支付后，就将 Trust 加 1，而不是加倍。这样，信任等级窗口 Trust 的值就按照线性规律缓慢增长，从而比慢开始机制的信任等级窗口 Trust 增长速度慢得多。

　　无论是在慢开始机制阶段还是在风险规避决策阶段，当移动金融支付用户第一次出现不正常的支付时，就将移动金融支付用户的信任等级窗口 Trust 的值降到初始状态，然后再次开始慢开始状态，这样做的目的就是要迅速减少移动金融支付用户不信任事件的发生，使移动金融支付用户知道发生不信任事件是要付出代价的；如果移动金融支付用户的支付业务恢复正常，再继续执行慢开始信任机制。从而较好地防止风险支付。与风险规避决策配合使用的有慢恢复机制与快恢复机制。图 8-2 通过一个具体数值说明慢开始机制与风险规避决策的过程。

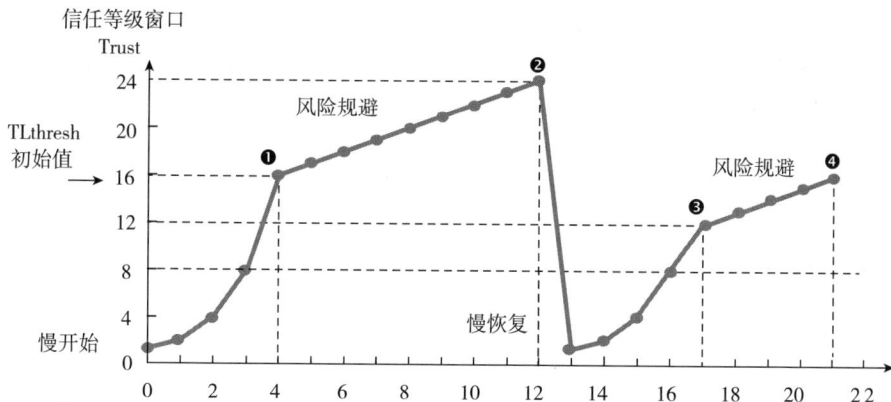

图 8-2　慢开始机制与风险规避决策

　　（1）慢恢复机制。当移动金融支付用户的信任等级达到慢开始的门限状态变量 TLthresh 后，信任值增加到 1 时，就开始进入风险规避区间，这时移动金融支付用户对金融支付的功能、支付操作都已经比较熟悉了，容易出现不信任的操作。如果出现不信任的操作（如图 8 - 2 中②号拐点），就将信任值降低到初始状态，即将信任等级窗口 Trust 的值置为 1，然后再进行慢开始机制。

（2）快恢复机制。当移动金融支付进入风险规避区间时，如果此时移动金融支付用户进行不信任操作的是小额支付，就可以执行"乘法减小"机制，即把 TLthresh 门限减半，然后再执行加 1 信任机制，继续保持在风险规避区间内，不需要将信任值降至初始状态。图 8 - 3 展示了快恢复机制与风险规避决策。

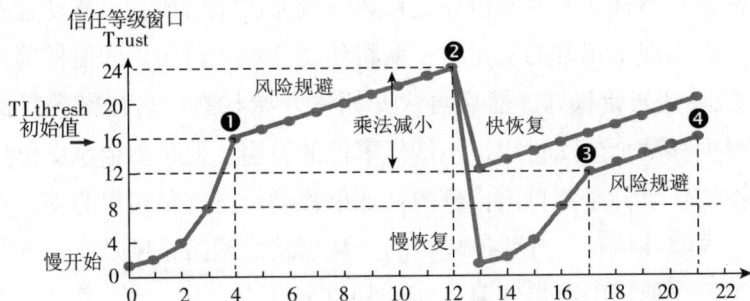

图 8 - 3　快恢复机制与风险规避决策

为避免发生系统性移动金融支付风险，在移动金融支付过程中可以维持两个参数，即移动金融支付的最多次数门限和最大额度门限，以减少金融风险的发生。

8.3　试点应用

2016 年 7 月至 2018 年 2 月，针对前期的理论与调查研究，将研究的移动通信网络的数据传输质量模型与优化算法、移动金融支付的系统构架、移动金融支付用户的多维信任模型、多维度的移动金融支付用户信任度评价方法以及建立的多维信任的移动金融支付信任等级数据库试点应用于中国民生银行武汉分行网络金融部。其主要试点应用体现在以下几个方面。

（1）建立了一种移动金融支付的系统构架。该系统构架主要由 CA 安全认证系统、RA 服务器、LA 认证服务器、Web 服务器、金融安全服务器、金融数据库服务器、金融支付应用服务器和移动金融支付用户等部分组成。

（2）确定了一种移动金融支付多维信任的关系结构。主要信任评价因素：信息质量、无处不在、初始信任、体验感、感知风险、感知满意度、自我效能、结构保证、信任倾向等，并且对各个信任评价因素给予不同的测量值。其各因素的测量值见表 7-1。

（3）建立了一种多维度的移动金融支付用户信任度评价方法，并根据该评价方法，明确信任评价的 6 个主要信任度量因素：移动金融支付用户直接信任度、间接信任度、金融业务信任度、移动金融支付信任偏离程度、移动金融支付用户信任惩罚值、移动金融支付的近期信任值，从而得出手机用户 i 与移动金融支付 j 之间的信任倾向值。

$$f(i,j) = a_1 \cdot v_1 + a_2 \cdot v_2 + a_3 \cdot v_3 + a_4 \cdot v_4 + a_5 \cdot v_5 + a_6 \cdot v_6$$

$$(8-1)$$

其中，a_1、a_2、a_3、a_4、a_5、a_6 是调节系数，$0 < a_1 < 1$，$0 < a_2 < 1$，$0 < a_3 < 1$，$0 < a_4 < 1$，$0 < a_5 < 1$，$0 < a_6 < 1$，且 $a_1 + a_2 + a_3 + a_4 + a_5 + a_6 = 1$。$v_1$ 是指直接信任度，v_2 是指间接信任度，v_3 是指金融业务信任度，v_4 是指信任偏离度，v_5 是指信任惩罚值，v_6 是指近期信任值。

（4）根据多维度的移动金融支付用户信任度评价方法，以及式（8-1）建立一种多维度的移动金融支付用户信任度评价数据库，以此论证移动金融支付用户的信任评价机制。

（5）根据中国民生银行武汉分行网络金融部的手机用户情况，本书选取了 600 个移动金融支付用户作为样本空间，将样本空间分成两种类型：一种是 300 个移动金融支付用户没有进行信任评价机制；另一种是 300 个移动金融支付用户建立了信任评价机制，将这两种类型进行对比研究。主要对比研究的内容包括：直接信任度、间接信任度、金融业务信任度、信任偏离度、信任惩罚值和近期信任值。

图8-4展示了移动金融支付用户在信任评价机制与非信任评价机制下直接信任度与支付次数的对比。从统计分析结果来看，移动金融支付用户使用移动金融支付进行金融支付时就已经有了初步的信任，从第一次尝试，到进行移动金融支付次数越多，表明他们对移动金融支付的信任度也就越高。从图8-4中可以看出，使用移动金融支付对用户进行信任评价后，其直接信任度上升得比较快，从而说明使用信任评价机制后，可以较好地评价移动金融支付用户的信任度。

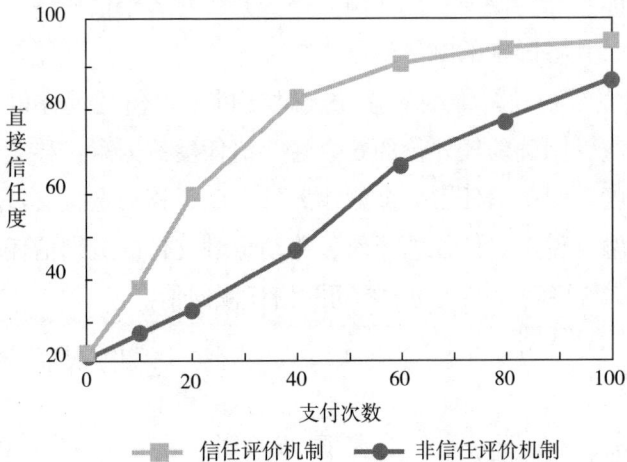

图8-4 直接信任度与支付次数的对比

图8-5展示了移动金融支付用户在信任评价机制与非信任评价机制下间接信任度与支付次数的对比。从统计分析结果来看，移动金融支付用户进行移动金融支付次数越多，表明他们对移动金融支付的间接信任度也就越高。从图8-5中可以看出，使用移动金融支付对用户进行信任评价后，其间接信任度上升得比非信任评价机制要快，说明使用信任评价机制后，移动金融支付用户认识到了信任评价机制对移动金融支付、移动金融支付用户都是非常重要的。

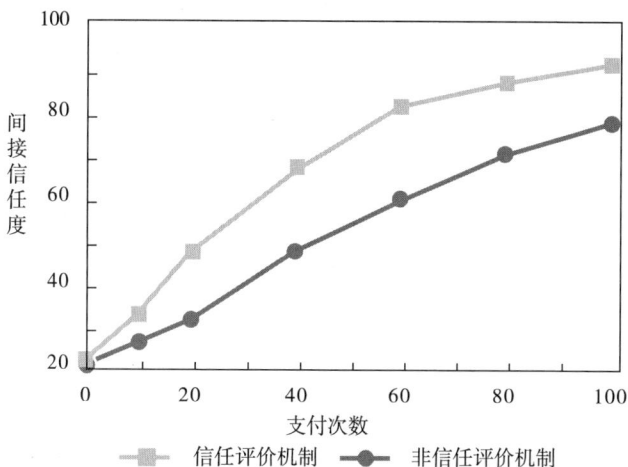

图 8－5　间接信任度与支付次数的对比

图 8-6 展示了移动金融支付用户在信任评价机制与非信任评价机制下金融支付信任度与支付次数的对比。从统计分析结果来看，移动金融支付用户使用移动金融支付进行移动金融支付次数越多，金融支付的信任度上升得就越快，表明他们对移动金融支付的信任度也就越高。从图 8-6 中可以看出，使用移动金融支付对用户进行信任评价后，其金融支付信任度上升得比较快，从而说明使用信任评价机制后，其移动金融支付信任度也就越高越稳定，也认识到移动金融支付带来的方便、快捷等各种优势。

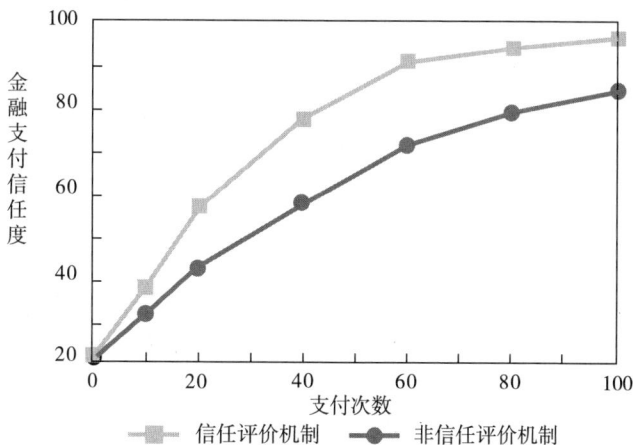

图 8－6　金融支付信任度与支付次数的对比

图 8-7 展示了移动金融支付用户在信任评价机制与非信任评价机制下信任偏离度与支付次数的对比。从统计分析结果来看，移动金融支付用户进行移动金融支付次数越多，出现不信任操作的概率也就越大，从而导致信任偏离度也就越高。从图 8-7 中可以看出，使用移动金融支付对用户进行信任评价后，其信任偏离度上升得比非信任评价机制要慢，说明使用信任评价机制后，移动金融支付用户认识到了信任评价机制对移动金融支付、移动金融支付用户都是非常重要的，不会也不愿意出现不信任金融支付的操作，降低了移动金融支付用户信任偏离度。

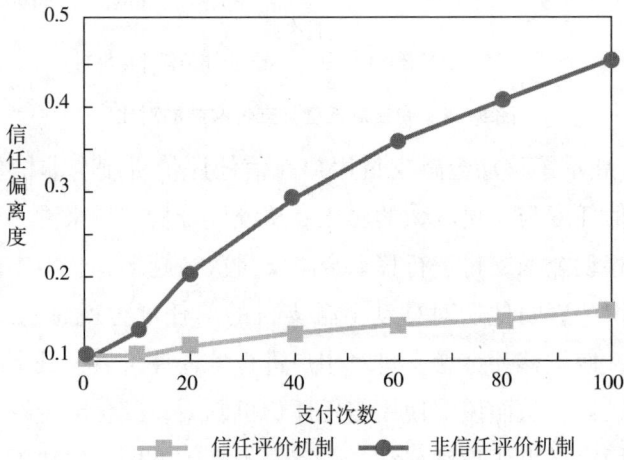

图 8-7　信任偏离度与支付次数的对比

图 8-8 展示了移动金融支付用户在信任评价机制与非信任评价机制下信任惩罚值与支付次数的对比。从统计分析结果来看，移动金融支付用户进行移动金融支付次数越多，出现不信任操作的概率也就越大，从而导致信任惩罚值也就越高。从图 8-8 中可以看出，使用移动金融支付对用户进行信任评价后，降低了不信任操作发生的概率，移动金融支付信任惩罚值也会随之降低，提高了移动金融支付用户的信任程度。

图 8-9 展示了移动金融支付用户在信任评价机制与非信任评价机制下一周内金融支付次数与近期信任值的对比。从统计分析结果来看，移动金融支付用户在一周内进行移动金融支付次数越多，表明他们对移动金融支付的近期信任值也就越高。从图 8-9 中可以看出，使用移动金融支付

对用户进行信任评价后，其近期信任值上升得比非信任评价机制要快，说明使用信任评价机制后，移动金融支付用户了解到信任评价机制对移动金融支付、移动金融支付用户都是非常重要的。

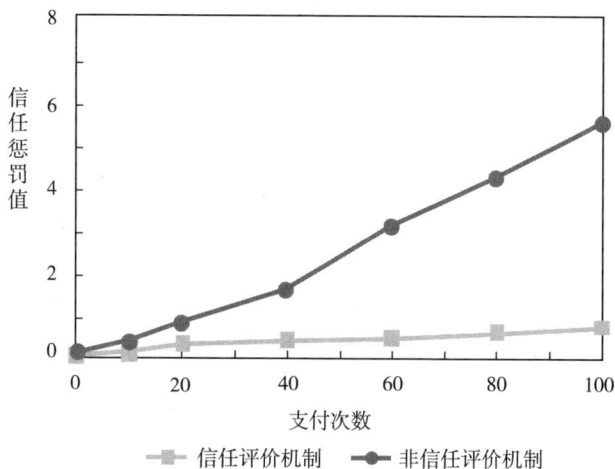

图 8-8 信任惩罚值与支付次数的对比

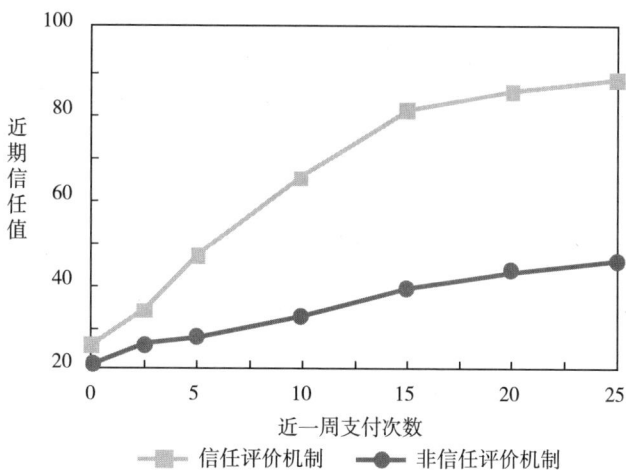

图 8-9 近期信任值与支付次数的对比

8.4 本章小结

在本章中，主要介绍了移动金融支付用户信任等级窗口的调整。当移动金融支付用户初始使用移动金融支付时，其信任等级窗口值较低，逐渐熟练使用后，其信任等级窗口值就增加；当出现不信任操作时，就启动风险规避决策，降低信任等级窗口值。

移动金融支付用户维持一个叫作信任等级窗口的动态变量，信任等级窗口的大小取决于移动金融支付信任等级数据库，并且动态地变化。移动金融支付用户控制信任等级的原则：只要移动金融支付没有出现不信任的支付行为，信任等级窗口就会慢慢增大，从而就有更多的移动金融支付活动；但只要有不信任的支付行为，信任等级窗口就会慢慢减少，以限制或降低移动金融支付活动。

本章的研究工作集中在移动金融支付用户直接信任度、间接信任度、金融业务信任度、移动金融支付信任偏离程度、移动金融支付用户信任惩罚值、移动金融支付的近期信任值六个主要方面，并给出了对比统计分析。研究的成果能较好地规避移动金融支付的风险。

第 9 章

金融科技的风险与发展

9.1　金融科技的内涵

　　金融科技是一个新兴行业，自 2015 年以来，金融科技（FinTech）的概念在全球范围内迅速兴起，引起了国际组织和各国监管机构的广泛关注。金融科技尚没有统一的定义，各方讨论的"金融科技"的涵盖范围也不完全相同。目前，基本的共识已经在业内普遍达成，根据国际金融稳定理事会的定义，所谓金融科技，是指技术带来的金融创新，即金融供应商运用互联网、大数据、云计算、区块链、生物科技以及人工智能等各种技术创造新的业务模式、应用流程以及产品和服务，从而对金融市场、金融机构或金融服务的提供方式产生重大影响。从属性上看，金融科技的落脚点在科技，强调利用新科技手段，服务于金融效率提升。而从业务模式看，金融科技公司更多的是强调金融的科技化产业化，金融科技自身则作为金融产业链上的基础设施环节，是一个服务于金融行业的科技产业（李斌，2018）。

　　"金融科技"与"互联网金融"既有相似之处，又有根本区别。从相似性看，"金融科技"与"互联网金融"均体现了金融与科技的融合发展，都是通过运用科技手段为金融行业提供便捷、高效的服务方式。从差异性看，互联网金融是将传统的金融模式转移到线上交易的商业模式，而金融科技的落脚点在于科技成为金融服务的重要基础设施，对金融的改变已经从渠道升级到更深层的技术层面，主要利用大数据、云计算、区块链、人工智能等移动互联网创新技术实现金融业务精细化运作，推动智慧金融创新发展，实现风险管理与控制，给用户带来全新体验。

　　金融科技作为一种运用科技手段推动金融提质增效，促进金融业态往更高阶进步变革的创新活动，具有 3 个鲜明特点：一是金融科技通过技术手段而非商业模式变化来实现金融创新。通过技术的创新实现金融业务的创新，打造新的生产方式，技术创新和更迭速度显著加快。二是金融科技是从规模导向转化为功能与结构导向，追求功能的优化和结构的完善，而不是简单的技术复制，有助于实现高效、低成本的服务方式，优化客户体验。三是金融科技具有全天候、跨地域的属性，通过技术创新使金融服务能够覆盖传统金融机构未能覆盖到的金融需求，扩展服务范围与服务能力，扩大金融服务覆盖面，打破了现有金融的边界，打通金融服务"最后一公里"。

按照IOSCO（国际证监会组织）2017年2月发布的《金融科技研究报告》，根据美国的情况，从新兴科技和创新商业模式演进两个方面，将金融科技的发展历程分为3个阶段。第一，金融科技1.0（1980—1989年）萌芽期，科技没有独立出金融系统，在金融公司内部设立IT部门，用于压缩成本，提高运营效率。第二，金融科技2.0（1990—2010年）起步期，金融业搭建显示业务平台，以获取客户资源和信息，本质上是渠道变革。此外，科技第一次独立出金融系统，以互联网金融为典型。第三，金融科技3.0（2011年至今）快速成长期，新兴技术如大数据、人工智能、区块链与金融结合，金融服务向长尾客户普及，大幅提升传统金融的效率。

FinTech行业关键的科技进步主要有5个：移动金融支付、P2P应用科技、大数据分析、数字货币和数据区块链科技、智能交易与理财。

（1）移动金融支付

移动金融支付已成为趋势：进入互联网时代，第三方支付公司应运而生，美国的PayPal和中国的支付宝等运用数字化技术和安全保障技术，脱离传统的信用卡公司与银行，形成第三方支付平台，由此掀起一场支付革命。如今，随着智能手机的普及，移动金融支付也成为众多金融科技公司的主要业务。目前，在中国的移动金融支付市场上，主要有三大参与方：以银联为代表的金融机构、运营商和以支付宝为代表的第三方支付机构。

（2）P2P应用科技

P2P主要分布在京津冀、长三角、珠三角三大经济区附近，广东地区P2P平台数量仍然为全国之最。以上区域经济发达、投融资需求旺盛，互联网渗透率比较高。随着监管政策不断出台，行业洗牌加速展开，一些利用超高利率招揽投资人的 P2P 平台逐渐失去操作空间。

（3）大数据分析

大数据能极大提高金融机构或企业的效率。金融科技行业中的大数据不仅包括金融机构所持有的信息，也包含了金融机构计算机系统的运行日志。随着计算机存储容量提高成本降低（如云服务存储功能），数据分析越来越高效，对金融信息的收集以及分析理解也取得了极大的进步，由此也提高了金融机构的服务效率，产生了新的金融业务。

（4）数字货币和数据区块链技术

金融科技技术同样影响到金融业的核心——货币。以比特币为代表的数字货币是在大容量服务器分布式网络上的计算机编码，颠覆了我们对传统货币的定义，具有替代传统货币的潜在能力。而隐藏在比特币背后的区块链（Blockchain）技术则是一种破坏性的创新技术。区块链技术可降低中间成本。区块链（Blockchain）技术是一种将传统加密技术和互联网分布式技术相结合而形成的一种全新的网络应用技术，未来，银行与银行之间可以不再通过第三方，而是通过区块链技术打造点对点的支付方式。区块链技术让交易流程更加公开、透明、有效率。

（5）智能交易与理财

智能投顾方兴未艾，理财更客观。认知计算和人工智能技术的运用使金融服务进入一个新的阶段。

2016 年 7 月 28 日，国务院在《"十三五"国家科技创新规划》中明确了科技金融的性质和作用，其中在第十七章第三节提道："建立从实验研究、中试到生产的全过程、多元化和差异性的科技创新融资模式，鼓励和引导金融机构参与产学研合作创新。在依法合规、风险可控的前提下，支持符合创新特点的结构性、复合性金融产品开发，加大对企业创新活动的金融支持力度。"

在这种分析的基础上，金融科技行业的综合拓扑结构可能会形成。金融科技包括 5 个主要领域：金融与投资、财务业务和风险管理、付款和基础设施、数据安全和货币化、用户界面（道格拉斯·阿纳，2018）。在金融科技中，主要关注的技术有人工智能、大数据、互联网技术、分布式技术和信息安全技术。金融科技给实体经济带来的好处是：第一，降低了成本，提高了效率，增强了可持续。第二，解决信用问题。第三，线上线下连通。第四，以人为本。

在"2018金融街论坛年会"（北京市人民政府主办，2018年5月28～29日）上，国家金融与发展实验室理事长李扬表示：在工业化阶段，以间接融资为主的银行融资方式支撑了工业化的发展。现在，这一阶段已经过去，整个经济在向服务化、信息化转变，对金融服务的需求也发生了变化。从需要大规模化的金融，转向需要个性化、专业化、非标准化、去中心化的金融服务，这和传统的工业化时期是完全不同的。但是，工业化时期留下来的以间接融资为主的金融结构完全适应不了这种个性化、非标化、去中心化的需求，于是就会产生矛盾，就会有或大或小的金融危机发生。金融科技应运而生，带来了一些解决问题的方法。李扬指出，金融科技主要包括三大要素：一是互联网，可以触达所有的人；二是大数据；三是算法和计算能力。

巴曙松等（2016）指出，金融科技核心技术的实操水平决定了金融科技企业的核心竞争力，大数据思维主导了金融科技行业的发展方向。人工智能和区块链作为金融科技领域的两大核心技术，目前已经在很多可应用的场景崭露头角。新业务模式、新技术应用、新产品服务对金融市场、金融机构以及金融服务供给产生了重大影响，但其与传统金融并不是相互竞争的关系，而是以技术为纽带，让传统金融行业摒弃低效、高成本的环节从而形成良性生态圈循环。他同时指出，金融科技核心技术能否促使金融行业健康发展，与监管模式的创新也息息相关。孙波等（2018）通过对比研究了中美金融科技的发展背景，分析了金融科技三大驱动技术在两国的发展趋势，提出了中国金融科技发展的有效途径。

9.2 监管科技的内涵

9.2.1 监管科技概述

监管科技的英文为 RegTech，由监管（Regulatory）和科技（Technology）组成。

国外定义：监管科技一词是 2016 年英国金融市场行为监管局（FCA）提出的，是指金融机构或监管机构采用新型技术手段，用于有效解决监管合规问题、大幅度削减合规费用（如法定报告、反洗钱和反欺诈措施、用户风险等法律需求产生的费用）的一类技术；主要应用对象为金融机构。

国内定义：中国人民银行金融研究所所长孙国峰认为，监管科技是基于大数据、云计算、人工智能、区块链等技术的新兴科技，主要用于维护金融体系的安全稳定、实现金融机构的稳健经营，以及保护金融消费者权利。

监管科技主要有三大参与者：监管机构、金融机构及监管科技公司。其中，监管机构与金融机构是监管科技的需求方，监管机构利用监管科技提升监管效率，金融机构利用监管科技更有效、更高效地满足监管需求；监管科技公司是监管科技的供给方，通过挖掘监管机构与金融机构的需求，建设算法等技术能力及通用技术平台，为监管机构及金融机构提供满足监管合规的技术服务。

云计算、大数据、区块链、生物识别技术、人工智能等是监管科技的核心技术。云计算和大数据是监管科技的基础；区块链可以让金融机构将信息直接、及时和完整地提交给监管机构，监管机构可以进行全面、安全、精确、不可逆和永久的审计跟踪，使现场检查、非现场检查的效能得到更大的提高；生物识别技术使客户识别和审核可靠而高效；人工智能技术可以使用机器和算法跟踪不断更新的监管要求，使系统可以自觉追踪监管合规要求的变化，并有针对性地提供应对方案。图 9 - 1 展示了监管科技的框架。

人工智能	应用层	监管政策数字化	了解用户需求	风险管理
	认知层	自然语言处理	用户画像	机器学习
	感知层	语义风险	图像/视频/生物特征	案例分析/风险模型
	算法层	机器学习平台		深度学习框架
大数据	大数据分析		数据采集	非结构化数据处理
	引擎/框架		高性能计算	资源隔离/管理
云计算	计算服务CPU/GPU/FPGA		存储服务	网络服务

图 9 - 1　监管科技的框架

9.2.2　监管科技的五大应用场景

监管科技的五大应用场景分别为交易行为监控、合规数据报送、法律法规跟踪、客户身份识别（KYC）、金融机构内部压力测试。图 9 - 2 展示了监管科技五大应用场景的内在联系。

图 9 - 2　监管科技五大应用场景的内在联系

交易行为监控：面对纷繁复杂的互联网数字金融时代，为维护消费者利益和维持金融体系稳定，需要在交易过程中进行反洗钱、内部交易等可疑交易行为的监控。监管机构和金融机构可以借助大数据、云计算等技术进行实时监控，完整覆盖交易前中后全过程，最后以可视化的呈现方式提供指导意见。

合规数据报送：金融机构由于监管法律法规的合规性要求，导致金融数据统计的维度和口径不一致，合规数据的标准化和数字化成本较高。监管科技可以应用在合规数据的标准化流程中，利用多种新技术帮助金融机构清洗加工数据，自动生成合规报告。

法律法规跟踪：随着监管法规条文增加，监管形势趋严，传统应用专业合规人员的成本上升。通过人工智能和大数据技术，可对海量的法律法规实现自然语言处理，帮助金融机构进行法律法规跟踪，改变传统的人工合规方式，降低合规成本，提高合规效率。

客户身份识别：客户身份识别是金融监管中识别风险、防控风险工作中的重要环节。传统的客户身份识别主要靠人工，借助机器学习、自然语言处理、生物识别技术等技术，可以提高客户识别效率，预警一切可疑客户与可疑交易行为。

金融机构内部压力测试：跨界金融增加了金融风险，为了及时发现潜在风险并采用相应的应对措施，金融机构可以借助人工智能、大数据等手段，更加精准地模拟真实情境下的金融状况，对金融机构进行极端条件下的压力测试，在多元化的模拟环境中进行金融新模式、新产品的创新实验。

9.2.3　监管科技研究现状分析

监管科技潜力巨大，虽然目前仍处于起步阶段，但是其发展后将给整个监管合规领域带来颠覆性的变化。抓住目前热度居高不下的区块链风口，未来智能化的监管科技将会是广受青睐的蓝海。

当前，随着大数据、云计算、区块链和人工智能等技术的不断进步，未来金融与科技的融合会进一步加深，金融科技将成为金融业重要的变革力量。为促进金融创新，防范金融科技带来的风险，金融科技监管有必要成为我国金融监管改革的重要组成部分。但截至目前，监管科技的说法尚未成为专业性的金融术语，而只是一种对事实的描述，没有形成普遍认可的概念。

贺建清（2017）分析了国际上金融科技监管的实例，并提出了我国科技监管政策。周睿敏等（2017）提出利用人工智能进行金融监管。张锐（2018）进一步提出了监管科技的应用，"以科技应对监管"，在提高监管实时性的基础上也避免了因为过度监管而抑制金融创新。朱太辉等（2016）提出，需要在促进监管科技健康发展和识别缓释潜在风险之间努力做好平衡，在持续风险监测评估的基础上适时调整优化监管政策，利用信息科技创新监管方式和监管工具，更加重视监管机构之间、不同国家之间的监管协作。钟慧安（2018）针对金融科技与监管方面的问题，提出我国应从强化金融科技基础设施、健全法律体系、完善监管框架、加强行业自律等层面加强金融科技风险防范。李雪静（2018）针对金融创新与监管的矛盾问题，论述了2015年3月英国金融行为监管局率先提出的"监管沙盒"是如何平衡优化金融创新与监管的矛盾的。黄震等（2018）针对国际监管科技发展现状、监管沙盒与创新协调等进行了探索，提出我国引入监管沙盒需进行法律授权，可采用"中央—地方"双授权的模式，以正规金融机构和准金融机构为测试对象，"软硬结合"实施消费者保护，增强监管科技的运用，在改革试点的基础上对监管沙盒进行改造升级的优化路径。

阎庆民等（2013）简述了银行业信息科技风险特点，研究提出了以"目标"和"过程控制"为导向的信息科技风险核心监管指标构建方法，并建立了一套指标体系，可用于监管部门对银行业金融机构信息科技风险的动态监测和预警。张昶（2015）根据金融监管和银行业监管的主要目标选取三大类七个角度共21个指标，构建了较为全面完善的我国银行业监管评价指标体系，并基于该指标体系提出了控制银行业风险的相关政策建议。张光磊等（2014）对金融监管指标体系中的波动率指数进行了研究，论述了通过编制市场波动率指数，可以衡量市场情绪，评估市场状态，有助于监管部门和投资者更好地应对风险。

9.2.4　新技术助推监管科技的发展

监管科技之所以被广泛关注并快速发展，得益于两个维度的推动，一是来自监管机构的被动应对，二是来自金融机构的主动实施。

第一，面对金融科技给传统监管体系带来的冲击和挑战，迫切需要监管机构改变现有的监管方式、方法，甚至进行流程再造。

第二，金融监管态势趋严提高了金融机构的合规成本，急需通过技术手段解决。

在保持合规和控制风险的前提下，金融机构势必通过各种手段谋求最大限度地控制合规成本飙升。金融科技的兴起运用，为金融机构提供了"用最少的钱实现最大的效果"的必然选择。利用监管科技技术，金融机构能够有效降低合规复杂性，增强合规能力，加快合规审核，并减少劳动力支持，从而提升盈利、提高运行效率。具体而言，新技术主要在以下几个方面发挥了难以替代的作用。

一是云计算等技术的应用。便于整理、收集、归纳更加准确、详尽的监管信息和动态，能够提高监管信息的可得性和及时性，通过应用程序接口（API）实现内外部监管数据和信息的及时、准确传输。

二是嵌入式的监管系统。在调整和更改监管规则和标准时能够极大发挥软件系统的迭代优势，明显降低规则的"菜单成本"，提高合规、监管及风险管理的灵活性。

三是机器学习（ML）和人工智能（AI）技术的应用。一方面，能够有效降低人员的干预成本，减少人为主观因素的影响，同时直接减少参与人数；另一方面，机器学习的不断迭进则能够极大地简化和优化内部流程。

四是大数据挖掘、精准化分析及可视化数据报告展示。一方面，能够加快分析速度，提高展示效率，节省了沟通时间和空间成本；另一方面，利用大数据分析技术，海量的异构数据及文本数据将被挖掘出更多价值，并能够被转化到具体的产品、流程和工作中。

五是数据加密和安全的传输渠道。不仅加快了内外部数据传输速度，提高了传输安全性，还降低了发生道德风险的可能性，从而变相降低了合规成本。

六是技术上的预测、预警、应急及模拟机制。可以更好地控制风险影响范围，隔离风险边界，减少不必要的试错成本。

9.2.5 监管科技的发展机制

监管科技是具有双向特征的框架体系，其内涵是金融监管与科技技术的结合，其发展诱因包含金融机构和监管机构的双向推动，其应用路径和应用范围涵盖了传统金融领域和新金融领域。

一是监管机构应加强与新科技企业的合作。由于监管工作具有明显的长效性和动态调整等特点，监管机构需要高度重视第三方外包服务的后期迭代和运维问题，与科技企业保持良好的合作关系，确保监管科技系统的有效运转。

二是监管机构应加强与金融机构的合作。在金融科技公司不断尝试以大数据、区块链、云计算、人工智能等新技术改进传统金融模式的同时，传统金融机构也要不断寻求通过以上技术优化当前的金融生态环境。监管机构可以与金融机构合作，共同构建监管科技联盟（平台），将金融机构的内部合规系统对接转化为监管机构的检测系统，或者将金融机构的内部合规框架修正拓扑到监管机构系统中。例如，生物识别技术与大数据分析技术能够增强对客户的识别能力、促进提高远程开户成功率，对达到并实现 KYC（Know Your Customer）监管要求有决定性的作用；人工智能和机器学习能够提升对违规行为排查和风险预警预测的准确率等。

三是监管机构间应加强与各方数据信息的合作。无论是大数据、云计算还是人工智能，其核心基础都是标准化的、准确无误的、及时透明的以及数量巨大的基础数据或信息，必须具备大型数据库才能针对这些数据有效发掘其价值并开发新技术能力。因此，监管机构须打通以下隔阂，加强与各方数据信息的合作：第一，统一量纲，规范整个金融系统的数据信息标准；第二，搭建全国范围的数据集合和挖掘分析系统；第三，打通监管机构及其他部门之间的数据隔阂，实现对有效监管数据的共享；第四，构建与金融机构之间单向和双向的数据交换机制；第五，加强数据披露及与研究机构的合作，吸引更多第三方组织参与监管科技工作。

四是监管机构应加强与国际组织和国际间的合作。监管科技要想取得重大突破和成功，就必须得到世界各国政府和监管机构的全力支持。中国的金融科技产业目前已经走到国际前列，必须以更积极的态度更多地参与国际规则的制定。一方面，中国的监管机构要积极与国际组织和其他国家的监管机构保持紧密联系和沟通，相互学习经验及教训，并通过签署备忘录实现跨国监管的一致步调与统一标准，防止出现"跨境式"监管套利；另一方面，中国的监管机构要紧密关注创新型金融科技公司的发展动态，及时调整具体规则，对新技术吸收、采纳和应用。

在"2018金融街论坛年会"上，清华大学经济管理学院教授李稻葵表示：金融行业，尤其是北京市金融街有两大发展机遇。第一，金融监管部门到了新的发展阶段，必须要跟得上这一轮金融的发展。现实情况是，金融的发展已经超过了监管的能力。监管本身也是一个行业，现在金融监管的能力已经落后于金融发展的速度。第二，金融科技发展带来的机遇。科技跟金融高度配合，如区块链、P2P、大数据等，各种人工智能的分析方法，这是一个发展方向。

随着金融科技公司不断尝试以大数据、区块链、云计算、人工智能等新技术改进传统金融模式，新的金融科技产品及服务也会更加迅速地推出，其金融风险也会加大。因此，监管机构需要逐步引进"监管科技"技术，实现穿透式监管，提升合规效率，降低监管成本，提高监管规范性和风险监测识别的能力。展望国内外，金融监管科技在金融风险数据整合，金融风险建模、分析和预测，实时交易监控、汇报和拦截，以及法律法规跟踪等方面已有初步的探索与尝试。随着基于海量多源异构数据的机器学习技术的成熟，无论是监管端还是合规端，在数据处理与数据分析方面都将得到极大的提升。而且，通过人工智能和区块链相结合，区块链智能合约还能够推动金融机构智能化调整并符合监管规范，降低了监管当局的政策法规成本，在智能化过程中促进动态合规，让监管科技和监管政策能够智能化应变、协同化调整。可以预计，随着获取的数据越来越多，如

何运用大数据技术、机器学习算法以及其他新兴科技提高监管能力，有效
防范风险将会是今后一段时期内金融监管合规要解决的问题。

9.3 金融科技的风险问题

金融科技加速了业务风险的外溢，移动化、数字化、智能化等新科技
都已经应用于实践，如账号虚拟化、身份验证远程化、交易线上化、资金
流转实时化等。金融科技将整个金融服务的链条向外延展，随之而来的是
业务风险外溢。

王永海等（2014）运用实证模型检验了我国银行金融创新程度与风
险承担的关系，并得出了银行业的金融创新程度越高给银行业带来的金融
风险越大的结论。例如，2016 年 10 月 22 日，因物联网设备漏洞被利用进
行大规模 DDoS 攻击，导致美国东海岸网站集体宕机持续 7 小时。王文杰
等（2017）指出，金融科技在发展的过程，其金融风险主要表现在以下
几个方面：（1）技术风险。2017 年上半年发生的比特币病毒勒索事件仍
让全球网民心有余悸。2017 年 8 月，微信再次出现大面积故障，出现了
登录频繁失败、转账功能异常等问题。作为一款拥有 7 亿用户的国民级应
用，其故障在民众中引发了不小的恐慌。而另一移动金融支付巨头——支
付宝也曾经在 2016 年 7 月发生软件瘫痪，导致上亿客户无法实现资金支
付和转移。（2）系统风险。一旦风险暴露，金融科技的强劲渗透力和瞬
时爆发性将使风险横跨多地区、多部门、多业务领域，而且影响民众的信
心与预期，使金融风险蔓延更为迅猛，冲击力更大。（3）"长尾"风险。
金融科技典型的特点之一是具有"长尾"效应，在为客户提供服务时，
边际成本极小，这使其服务领域得以延伸。2017 年 9 月，披着金融科技
外衣的 ICO（Initial Coin Offering，首次代币发行）被界定为非法融资，中
国人民银行等 7 部委联合发布《关于防范代币发行融资风险的公告》，指
出 ICO 涉嫌非法发售代币票券、非法发行证券以及非法集资、金融诈骗、

传销等违法犯罪活动。在这场所谓的"科技造富"盛宴中，数以十万计的普通投资者竞相参与，从疯狂到暴富梦碎，损失惨重，造成了不可估量的社会影响。(4) 监管风险。金融科技的发展使监管面临着越来越大的挑战。第一，对监管专业的能力形成挑战，增加了风险监测和控制的难度。德勤会计师事务所（Deloitte & Touche）指出，自 2008 年国际金融危机以来，在全球范围内金融机构体系收取的监管费用增长了接近 5 倍，累计超过 3000 亿美元，表明监管占有的资源越来越多。第二，监管秩序发生了根本性变化。

汪可等（2018）从行动者网络理论视角审视了金融科技的风险问题，通过回归方程模型对金融科技的风险影响程度进行了实证检验，得出的结论是金融科技加速移动金融支付业务扩张带来了电子货币的广泛使用，在很大程度上冲击着货币政策中介目标的有效性，增加了银行系统性风险。钟慧安等认为，金融科技发展存在的风险有：一是科技自身潜存风险，目前金融科技所涉及的科技发展还不成熟，其风险隐患更加突出；二是法律体系建设有待完善，表现在法律定位存在偏差、与现有法律存在冲突以及存在法律空白等方面。

9.4 监管科技的监管机制

中国人民银行金融研究所所长孙国峰（2018）认为，监管科技发展的动力有：首先，金融监管滞后于金融创新，导致金融监管机构压力日趋增加；其次，金融监管逐步收紧，金融机构遵守监管法令的成本增加；最后，新兴科技为发展监管科技提供了技术支持。杨涛（2018）指出，新形势下金融监管体制改革的方向：一是需要在政策制定之前加强分析和研判能力，有效度量各类金融风险的水平。二是监管内容与对象，需要从机构监管转向产品和功能监管，进而侧重金融产品和服务的外部条件监管。袁平（2018）提出，监管科技应着力解决信息不对称难题；要彻底解决内部的信息不对称，核心是要建立公共、透明的合规监测平台，其依据是监管规则和要求，监测的对象是涉及的相关业务系统的数据，同时结合平台监测结果的处置、整改、报告形成一整套工作机制，以确保合规监测平台的有效运行。

Anagnostopoulos 等（2018）对金融科技创新和监管科技在金融科技大环境下的影响进行了深入的分析和评述，同时论述了银行家们会将金融科技、监管科技和战略伙伴关系视为未来的战略方向。正如 Deloitte（2016）的分析所显示的那样，RegTech 初创企业不仅要注重合规，而且还要注重身份管理、风险管理、监管报告和交易监控。其指出，监管水平的提高、对数据和报告的更大关注，更好地促进了金融科技的发展，使 RegTech 产品更加受到关注，从而为金融科技公司创造了更多价值。Arner 等（2018）指出，监管科技为金融服务业和监管机构节省了巨大的成本，监管科技只有在数据、数字身份和监管之间建立联系的新方法才能捕捉到技术变革的本质。监管科技可以实现接近实时的监控，并建立一个适当的监管机制，以应对风险，促进更有效的监管合规，可能会促进从一种监管模式向另一种监管模式的转变。

从本书视角来看，现有研究工作在以下几个方面有待继续深入：（1）监管科技运用中的未知风险的应对机制。一是监管科技自身的技术风险。二是高度集中的数据泄露风险。三是数据使用与监管规则冲突的问题。（2）如何确保监管科技创新的技术中立，避免数据寡头出现及规避道德风险。（3）监管技术发展与监管制度的协调。一是监管技术与现有监管制度的融合。二是监管技术与监管制度的共生发展演进。

9.5 新科技对金融科技与监管科技的影响

在新科技推动金融创新的同时很可能带来不容忽视的风险。大数据、人工智能、区块链这三大新科技给金融领域中的应用带来了新的理念，同时也带来了风险；如果应用得好，也能对风险进行控制。

钱立宾等（2018）从大数据的视角出发，对商业银行的客户服务、产品设计、业务流程和运营模式四个方面进行分析，探析如何利用大数据技术改造商业银行的创新思维与经营理念，实现商业银行金融科技的创新转型。陈捷等（2017）梳理了金融科技与人工智能相关的发展趋势，指出人工智能对金融安全与信息安全造成的风险与挑战，并提出加强政府信息监管力度、推动国际间合作与制定信息安全法的对策。

区块链技术基于去中心化的对等网络，用开源软件把密码学原理、时序数据和共识机制相结合，来保障分布式数据库中各节点的连贯和持续，使信息能即时验证、可追溯、难以篡改和无法屏蔽，从而创造了一套隐私、高效、安全的共享价值体系（肖雯雯等，2017）。比特币是一种基于区块链作为支付技术的电子加密货币，不具有与货币等同的法律地位。由于比特币是一种去中心化、全球通用、不需第三方机构或个人的一种特定虚拟货币，从而为国际洗钱带来了方便。2017年，中国人民银行等多方机构联合发表了关于防范比特币风险的重要文件，要求"各金融机构和支付机构不得开展和比特币相关的业务，加强对比特币互联网站的管理，防范比特币可能产生的洗钱风险"。

周睿敏等（2017）论述了大数据、人工智能、区块链在金融领域中的应用及其发展，同时也指出这三大新科技在金融领域中导致风险增大、风险发展速度更快、防控难度更大等问题。黄震（2018）论述了区块链不再是数字货币的专属底层技术，而是逐渐渗透到政府、金融监管、物联网、征信、溯源防伪等领域，与监管科技（RegTech）和金融科技（FinTech）的结合越来越紧密。区块链在监管领域打开了新的路径，并对传统的监管思路和监管范式产生了重大影响。

自2016年起，我国金融机构陆续加入区块链技术的行列。传统金融机构以民生银行、招商银行为代表，金融科技企业则以蚂蚁金服、京东金融和百度金融为代表。涉及多项应用场景，如供应链金融、贸易金融、保险防欺诈等。这些金融场景普遍存在如下问题：一是节点多，且参与主体众多；二是由于涉及金钱交易，各节点缺乏信任，往往需要第三方增信机构；

三是过于中心化，一个节点若出现错误，将影响整个系统的运作；四是场景内节点资料存在安全疑虑。区块链技术具有去中心化、信任共识机制、交易公开透明及不可轻易篡改等特性，能够有效解决金融场景面临的诸多难题。

在新技术的叠加和板块轮动中，云计算为区块链节点的存储提供了有效的解决办法，区块链节点上处理的数据可以存储在云端，单个节点的数据不需要在本地处理，避免了因节点区块容量过大而处理时间过长的现象；对于数据的隐私保护问题，多种加密技术和区块链隐私保护机制提升了合规区块链的隐私保护能力，促进数据隐私合规；加强合规区块链国际合作，能有效提高跨境风险的防范和治理，对反洗钱、反恐怖融资等暗网交易有巨大的抑制作用。随着新科技的发展进化，区块链与金融科技、监管科技的契合度必然越来越高，也会催生出许多新的应用场景。

作为新科技，大数据、云计算、区块链及人工智能等只有通过"技术创新＋制度创新＋理性反思"等的不断迭代，才可能防范其中的风险，真正用好新科技，促进数字经济健康发展。

9.6　中国的金融服务业发展状况

近年来，中国的金融服务业在信息科技的助力下，从1.0时代的"信息科技＋金融"、2.0时代的"互联网＋金融"向3.0时代的"智能金融"转型，金融服务的效率和质量不断提升。这个转型历程，既是一个新竞争者进入、现有的行业格局遭挑战到传统金融机构与金融科技公司全面合作的过程，也是金融科技从前端渠道、获客，全面应用到中后台产品设计、风控、合规等领域的过程。

9.6.1　科技全面赋能传统金融机构转型

科技的快速发展，对于中国的传统金融机构而言，不仅改变了营销和获客等前端业务，也在驱动中后台的变革。金融科技为其带来的前三项价值依次为"运营效率提升""提升客户体验"及"产品与服务创新"。这三项都是传统金融机构服务转型和精细化管理重点发力的方向。

案例分享一：中国人民保险集团的专业化金融科技布局平台

人保金融服务有限公司（以下简称人保金服）为原保监会首家批复的金融服务公司，成立于2016年10月20日，由中国人民保险集团全资控股，注册资本10亿元人民币。

作为中国人民保险集团布局互联网金融领域的专业化平台，人保金服扎实推动集团互联网金融落地实施，服务整体价值创造；探索"互联网＋"手段，实现资源与信息共享；利用"互联网＋"手段，开展跨界经营和产业链整合，提升中国人民保险集团对保险金融资源的覆盖能力。

人保金服将围绕"五大平台"战略定位，即集团主营业务的服务支持平台、集团互联网金融项目孵化平台、集团互联网金融资源整合平台、集团电网销渠道整合管理平台、集团互联网金融资本运作平台，着力重点打造"四个生态圈"，即消费生活生态圈、车主生态圈、健康养老生态圈、服务"三农"生态圈。

图9-3展示了金融科技给传统金融机构带来的影响。

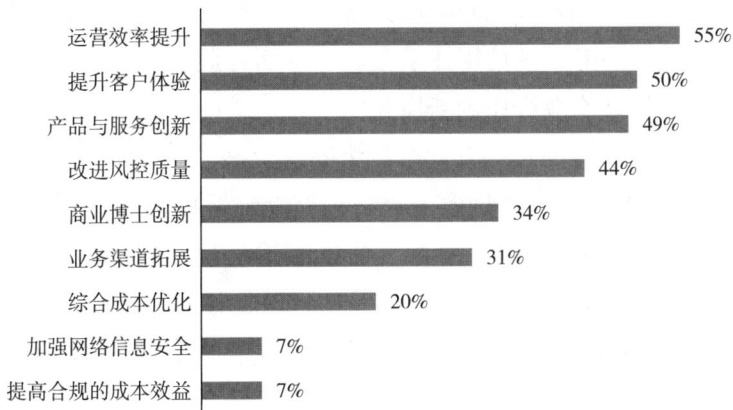

图9-3 金融科技给传统金融机构带来的影响

9.6.2　传统金融机构与金融科技公司合作深化，模式多样

传统金融机构虽然加大了对新技术的自主研发和应用，但它们与金融科技公司的合作仍在继续，且合作的层面不断深化。调查结果显示，目前金融科技公司和传统金融机构间的业务往来，主要集中在服务提供与购买和合作伙伴关系两个方面。

公开信息显示，过去的一年半内，大型商业银行、保险公司和资管公司等金融机构都已和金融科技公司建立了多样化的合作模式。

案例分享二：四大国有银行牵手互联网巨头

（1）工商银行＋京东：征信、消费金融、供应链金融等领域

2017年6月16日，京东金融与中国工商银行签署金融业务合作框架协议。双方的全面业务合作主要集中于金融科技、零售银行、消费金融、企业信贷、校园生态、资产管理、个人联名账户等方面。从合作内容上看，基本涵盖了个人征信、消费金融、供应链金融等全品类的金融服务。

（2）建设银行＋蚂蚁金服（阿里巴巴集团）：信用卡、支付等领域

2017年3月28日，阿里巴巴集团、蚂蚁金服集团与建设银行签署三方战略合作协议，蚂蚁金服与建设银行在信用卡线上开卡、线上线下渠道业务、电子支付业务以及信用体系互通等方面开展合作，"共同探索商业银行与互联网金融企业合作创新模式"。

（3）农业银行＋百度：共建金融大脑

2017年6月20日，中国农业银行与百度签署战略合作协议，并将共建"金融科技联合实验室"。据悉，双方此次的合作包括共建金融大脑以及客户画像、精准营销、客户信用评价、风险监控、智能投顾、智能客服等方向的具体应用，并将围绕金融产品和渠道用户等领域展开全面合作。

（4）中国银行＋腾讯：统一金融大数据平台

2017年6月22日，中国银行与腾讯宣布已经成立金融科技联合实验室。双方初步在云计算和大数据平台及人工智能应用方面取得突破，建立了统一的金融大数据平台，持续输出技术能力支持业务发展。未来，双方将继续深化金融科技领域的合作，逐步搭建总的金融科技云平台，充分发

挥中国银行的业务资源优势与腾讯集团的先进科技优势，在客户需求洞察、风险管理体系建设、金融效率提升等方面进行深度合作，助力业务发展。

当然，在金融与科技融合的大趋势下，合作模式是多样的。除了上述两种主要方式外，传统金融机构还建立了相关风险投资基金会为金融科技公司提供资金、成为金融科技公司投资人、为金融科技公司提供金融服务等，这些模式的数量虽然并不多，但也不乏值得借鉴的成功案例。

9.6.3 合作的四大挑战：文化、监管、商业模式、系统

传统金融机构和金融科技公司尽管都有强烈的合作意愿，但由于多方面的差异，在实际操作过程中仍然存在一定的问题。例如，调查结果表明，在两者的合作中，双方都认为管理方式和企业文化的差异是亟待克服和解决的重要挑战，传统金融机构经历了较长的发展阶段，管理方式和企业文化相对固化且深入，而金融科技公司大部分成立时间较短，管理方式和企业文化多处在探索阶段，管理方式也相对灵活。监管的不确定性也是传统金融机构和金融科技公司合作过程中面临的一个问题。监管是一把"双刃剑"，一方面可作为催化剂，确保一个良好健康的市场环境；另一方面，监管也可能制约创新。

互联网金融的发展提高了整个金融体系的运行效率，但网贷平台的违约事件、各类非法集资等不良行为频发使互联网金融风险加剧，促使政府不断加强监管整治力度。例如，2017 年 12 月 1 日，互联网金融风险专项整治、P2P 网贷风险专项整治工作领导小组办公室下发《关于规范整顿"现金贷"业务的通知》，对市场上快速发展的现金贷业务进行了规范，内容包括资格监管、业务监管和借款人适当性监管。2018 年 6 月，P2P 网贷问题平台集中爆雷，并于 7 月达到近 4 年单月爆雷问题平台数峰值，行业风险凸显。随着新金融模式的不断发展成熟，政府监管也逐步改变推进，这种监管环境的变化让金融机构和金融科技公司之间合作的不确定性增加。在新的监管趋势下，如何将金融科技领域积累的经验和传统金融行业的风控能力相结合是关键。

网贷、智能投顾、大数据征信等新的业务模式正在进一步深化行业转型、优化收入结构。虽然新模式还需假以时日才能逐渐成熟，但领先的传统金融机构已经设立了合理的组织架构、考核机制、运营体系和协同模式，以确保对新业务的持续投入。此外，在信息能力方面，传统金融机构注重业务资金隐私和安全，认为信息科技系统的安全性是与金融科技公司合作的一大挑战，而金融科技公司注重信息技术的应用效率以及快速批量输出的能力，将信息科技系统的兼容性作为与传统金融机构合作的一大挑战。尽管科技已深入渗透到金融服务的各个领域，银行、保险、资管等各细分行业应用及寻求与金融科技公司合作的侧重点却各有不同。此与这些细分行业本身的特点密不可分。

综合银行、保险、资产及财富管理机构对金融科技的合作需求来看，它们既需要从与金融科技公司的合作中获得技术能力，实现自身技术能力提升，实现自动化和智能化应用，也有和金融科技公司进行直接业务合作的需求，这与金融科技公司的能力和意愿较为匹配。经过近几年监管市场参与者的磨合与交锋，双方已经进入平稳发展的阶段，各自回归本源但深度融合是大趋势。

当前传统金融机构与金融科技公司的合作集中在使用先进信息技术手段改进提升金融行业运营效率，降低成本。从国际经验来看，综合客户服务水平、差异化产品设计及运营、隐私保护等方面是需要长期提升的，未来传统金融机构与金融科技公司应探讨合作创新，弥补各自的短板。

9.6.4 银行业：关注金融科技的应用成果

在金融科技的大时代，中国银行业积极探索新定位、新技术、新模式，业务结构不断转型升级。银行业由于其行业特殊性及监管严格性，更加关注风控、反欺诈等领域，因此相对于业务层面的合作，它们对金融科技的应用成果比较感兴趣。

研究结果显示，当前商业银行和金融科技公司的合作主要侧重于通过金融科技公司促进自身的科技能力建设，实质上仍然是较为间接的合作方式。商业银行与金融科技公司在应用成果，如反欺诈、加密、风险控制等领域的合作最多；获得金融科技技术和能力的转移、获得外部大数据以开发相关应用，也是两者合作较频繁的方面。与金融科技公司共同开发人工智能、区块链、生物识别等技术和应用也是它们感兴趣的领域。

展望未来 3~5 年。银行业普遍希望与金融科技公司在现有领域持续开展更多的合作。同时，在获客、开展信贷业务合作、合资提供金融服务或者对金融科技公司投资等更为直接和激进的合作方式上，商业银行仍然将其排在较低的优先级上，基本能够反映商业银行较为稳健的经营传统。

9.6.5 金融科技公司：助力传统金融机构智能化决策、移动化运营

随着监管环境的变化，近年来金融科技公司与传统金融机构合作的策略也有所转变，"回归技术"逐渐成为趋势。在本次调查中，金融科技公司受访者预期未来与传统金融机构的合作领域主要是为后者的智能化业务提供决策支持，以及助力后者的中后台自动化、智能化、移动化运营。

随着金融科技公司的服务对象从消费者（C 端）向金融机构（B 端）转变，可以预见的是，未来金融与科技的融合将更密切，形成"你中有我、我中有你"的格局。

金融科技公司的核心竞争能力在科技，而非金融。过去一段时间内，在互联网金融浪潮驱动下，大量科技公司试图直接发展金融业务，带来了新的金融业务模式，促进了我国社会经济的快速发展，典型示例是移动金融支付领域实现的巨大成功和变革。但金融业普遍具有极强的风险外部性特征，强监管是必然。此轮金融和科技各自回归本源，在未来也必然进一步融合，符合螺旋式上升的经济规律。金融科技公司当前注重的智能化和自动化两个科技领域，与传统金融机构的普遍需求较为匹配，需要考虑的是如何实现商业模式的创新，在技术合作过程中，既能满足金融机构提升自身技术能力的要求，又能提升角色及定位，而不仅仅是技术外包商和实施商。从长远看，金融科技公司在客户体验、产品运营、商业模式创新等方面较为灵活，可以弥补传统金融机构的短板，与中小型银行和保险公司、资产和财富管理机构合作的空间广阔。

9.6.6 金融科技公司的发展

（1）金融科技行业公司数量持续增长

近年来，我国金融科技企业数量持续增长。主要集中在云计算、网络借贷、第三方支付三大领域。2016年，全球金融科技领域投资总额约为228.16亿美元，从2011—2016年，年均复合增长率达62%，2017年上半年全球金融科技投融资总额为78.51亿美元。图9-4展示了全球金融科技投融资情况。

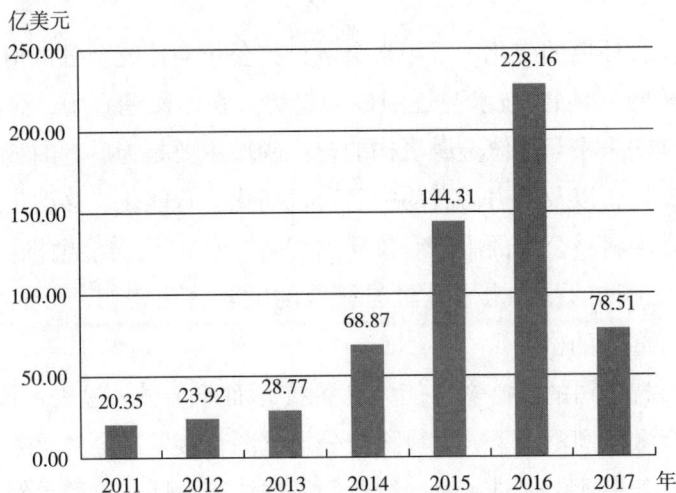

图9-4　全球金融科技投融资情况

2010—2016年，我国金融科技公司数量呈持续增长态势，尤其在2016年，金融科技公司数量呈井喷式增长。从各板块的公司数量来看，截至2016年底，中国金融科技企业集中在云计算、网络借贷、第三方支付三大领域。

2017年，中关村互联网金融研究院发布"2017中国金融科技企业TOP108"，其中，北京金融科技企业46家、占42.6%，上海22家、深圳12家、杭州12家。

（2）金融科技企业将成为未来金融领域的主要参与者

2016年以来，我国网民数量增长趋缓，互联网行业的人口红利逐渐消失，互联网金融依赖用户规模快速增长的时代已经进入尾声。当互联网金融企业从一味追求用户数量到重新寻找行业发展的促进要素时，科技的重要性被更多的金融从业者发现。随着金融科技对我国金融改造的深入，我国传统金融机构的生产体系正从一个封闭的体系走向一个开放的体系，金融的边界被不断拓宽，于是许多金融科技企业以其专业化、垂直性及对客户和市场的了解，开始介入传统金融机构的金融体系，成为金融领域的主要参与者。

（3）中国金融科技营收总规模将保持稳定增长

2017年，我国金融科技企业的营收总规模达到6541.4亿元，同比增长55.2%。艾瑞分析认为，目前金融科技服务于金融机构，更偏向实际金融业务的后端，并不是金融产业链中利润最丰厚的一环，因此短时间内金融科技营收规模很难迎来爆发式增长，或将继续保持这样的增速稳定增长。图9－5展示了2013—2020年中国金融科技营收规模。

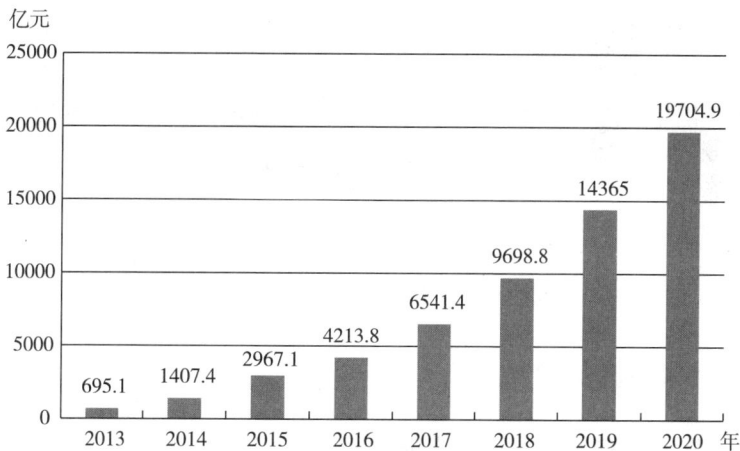

图9－5　2013—2020年中国金融科技营收规模

（4）金融科技企业助力传统金融机构实现普惠金融

传统金融机构由于体制与技术的双重限制，其信贷服务很难下沉到长尾人群。而金融科技企业通过自身独有的获客渠道、数据维度及反欺诈模型等，能帮助传统金融机构将信贷服务下沉到有信贷需求的长尾人群，就好像"灌溉渠"把"水库"里的水引向农田与庄稼。图9－6展示了中国助贷模式的流程。图9－7展示了金融科技将促进金融服务与用户场景紧密结合。

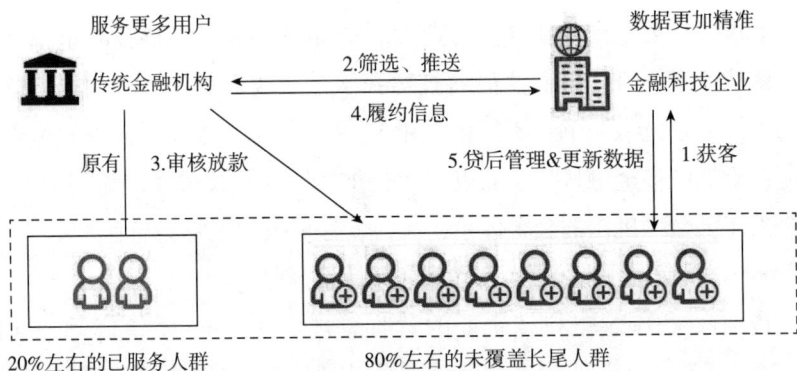

图 9-6　中国助贷模式流程

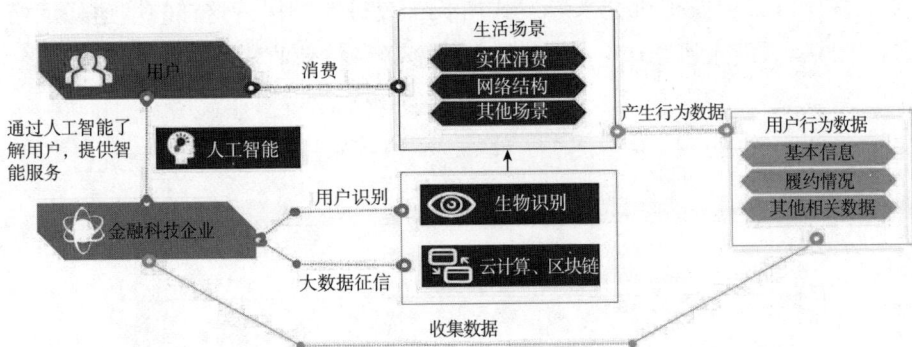

图 9-7　金融科技将促进金融服务与用户场景紧密结合

9.6.7　金融科技公司的发展趋势

（1）金融监管越严，行业走向合规

2017 年，中央监管部门密集下发了多份网贷整改文件，包括《关于立即暂停批设小额贷款公司的通知》《关于规范整顿"现金贷"业务的通知》《小额贷款公司网络小贷业务风险专项整治实施方案》《关于做好 P2P 网络借贷风险专项整治整改工作的通知》等，标志着金融行业进入强监管时代，守住不发生金融系统性风险的底线，加快金融领域供给侧结构性改革，使金融更好地服务于实体经济，成为未来金融科技行业发展的主要目标。

（2）牌照化管理将成为金融科技发展的常态，行业准入门槛大幅提高

第五次全国金融工作会议明确要求进一步强化金融监管，将所有金融业务纳入监管，互联网金融强监管的思路已经明确，在金融科技、互联网金融没有专属牌照的情况下，一切跟其业务有相关性的金融、类金融牌照都会成为互金企业抢夺的重点。2019 年，将继续贯彻功能性监管与行为监管思路，确保对同类金融业务实行统一的监管标准，金融牌照的抢夺必然会越发激烈。

（3）人工智能在金融科技行业的发展中作用日益凸显，金融智能化趋势势不可当

金融科技行业对传统金融机构的变革已不再局限于商业模式的变革，进入新时代，以区块链、人工智能、大数据及云计算等为代表的技术正在全方位、多角度、深层次地引领金融科技行业的发展。这些技术在金融领域的应用将有效地解决传统金融服务的痛点，为金融领域提供新的思路，优化金融行业传统的商业模式，降低各金融机构之间的竞争壁垒。

（4）金融风险意识增强，金融基础设施成为行业发展核心竞争力

金融科技的发展，加剧了我国金融业的跨界经营趋势，增加了金融风险的复杂性和敏感性，金融业的健康快速发展需要稳健、更高效、更强大的金融基础设施作为保障，其作为数字化时代我国创新的金融基础设施，将在促进公平竞争、保障资金安全、提高清算效率等方面发挥积极作用，从而更好地服务实体经济和社会大众。

（5）监管科技成为平衡金融创新和金融监管的重要突破点

金融科技的快速发展使金融风险更加复杂，这对传统监管框架、监管手段、监管模式产生了很大的挑战。监管科技能够兼顾效率与风险，中国人民银行于 2017 年 5 月成立金融科技委员会，将强化监管科技应用实践作为丰富金融监管的重要手段。

（6）网络小贷平台将迎来新一轮洗牌潮，不合规平台将被撤销资质或自行退出市场

随着监管部门对网络小贷监管方向的日益明确，网络小贷行业的

"野蛮生长"将被终结,不合规的平台将被撤销资质或自行退出市场,行业发展将更加理性化。

(7)供应链上升为国家战略,供应链金融将迎来历史性发展机遇

在金融监管要求金融回归实体业务本源的大环境下,基于实体产业的产融结合的供应链金融服务,将会是我国金融行业发展的重大机遇,互联网的不断渗透使供应链金融的数据化、信息化程度不断提升,专注于此的大数据平台或机构将迎来发展契机。

(8)科技与保险将深度融合发展,保险科技引领创业变革

科技对保险的变革将不再局限于渠道与场景的变革,更多的是基于大数据、云计算、区块链及人工智能技术给保险行业带来的服务效率的提升,以及客户覆盖范围的扩大和行业规模化的发展。未来,保险业可能不再是保险产品的单纯的供给方,而是场景化风险管理和服务的集成商。

未来,金融科技的真正蓝海,一方面是为现有金融体系提供新技术外包,而不涉及金融业务自营,如 IT 基础设施、大数据风控、客户分析等;另一方面是着眼于利用金融科技进行基础设施改造,为金融活动提供开放型平台的综合技术解决方案。

9.7　本章小结

展望国内外,金融科技和监管科技已经是金融市场上的两大热门主题。其中,金融科技是科技在金融领域的应用,它以数据为基础,以技术为手段,目的在于创新金融产品和服务模式,改善客户体验,提升效率,降低成本;而监管科技则是利用技术,尤其是通过新科技进行监管和报告,高效解决监管和合规性要求。金融科技就像骏马,拉动资本市场快速前行,如果没有金融科技的力量,金融市场将活力大减。若没有监管的缰绳,市场就会像脱缰的马车一样失去管控,岌岌可危。因此,金融市场需要金融科技和监管密切合作,才能更好地快速、平衡发展。

第 10 章

区块链在移动金融支付领域的
实践与探索

10.1　分布式账户、区块链和数字货币的发展

以区块链（Blockchain）为代表的分布式账户（Distributed Ledger Technology）被认为是最有发展潜力的移动金融支付技术。作为其应用形式之一，比特币等私人数字货币快速发展，近期参与人数进一步增加，交易规模继续扩大，价格大幅波动，部分业务涉及突破法律法规，积累形成了一定的潜在风险，引起各方面广泛关注，如金融稳定理事会（2016）、国际货币基金组织（2016）、国际清算银行支付与市场基础设施委员会（2017）、欧洲中央银行（2015）等。在移动金融支付快速发展背景下，国际组织、各国中央银行和监管机构均高度重视、密切跟踪研究移动金融支付的发展应用及其对金融稳定的影响，也力求对相关业务模式进行"穿透定性"并按照金融本质实施监管。

10.1.1　分布式账户

目前，分布式账户尚无统一权威定义。英国金融行为监管局将分布式账户定义为一种技术模式方案，在网络中实现对参与者交易活动的同步记载（FCA，2017）。数据记载需满足以下条件：一是唯一性，交易与记录一一对应；二是记录连续不间断；三是记录格式标准统一；四是加密不可篡改。这些数据同步分发给网络中所有参与者进行存储、调取和比对。目前的主要应用领域为交易簿记、资产确权和身份验证等。与此相比，传统的"中心化"模式由单一的中央机构或系统，如央行支付系统、证券交易所等完成相关交易及其记载。需要指出的是，分布式账户并不是一项全新技术，而是随着共享数据库、加密技术、点对点传输网络等技术的发展，进一步形成的多类技术组合方案（见图 10-1 和图 10-2）。

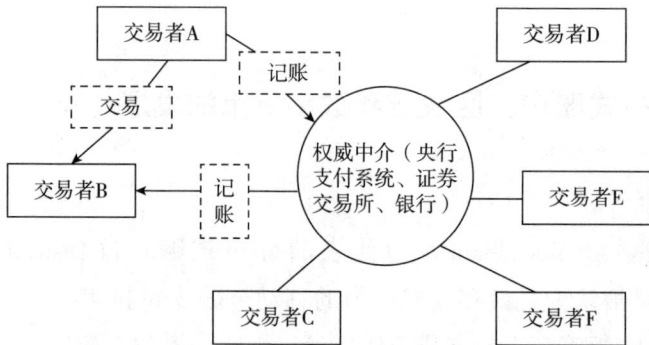

图 10-1 "中心化"记账模式示意图

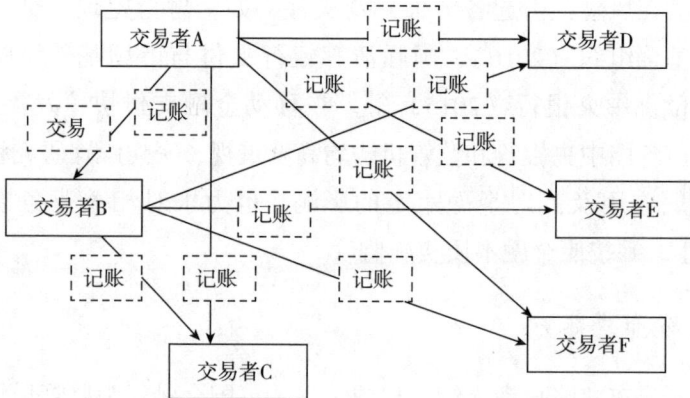

图 10-2 区块链等"去中心化"记账模式示意图

10.1.2 区块链

区块链是分布式账户最主要也是最具代表性的技术，具体为：网络中的所有参与者同步记录某一交易活动信息，并互相验证信息真实性，防范信息被篡改。

在区块链模式下，网络中的每一个参与者（节点 Nodes）都拥有一个分布式账户，用于记录交易数据。当交易发生后，交易双方可以向网络提交信息，交易信息经加密后即不可篡改，并以命名为区块（Block）的数据包形式存在。每一个区块都要同时发送给网络中的其他参与者，与其分布式账户中的历史记录同步比对验证，只有网络中绝大多数（如超过

51%）参与者均认可所载信息的真实性和有效性，这一区块才能存入网络中的各个分布式账户，并与已在账本中存档的区块相链接（Chain），形成区块链（李文红和蒋则沈，2017）。

区块链最早应用于比特币等数字货币的生成、存储和交易，目前正探索向支付清算、会计、审计、证券交易、风险管理等领域扩展。业界普遍认为，支付行业可能会首先成为其应用的重点领域。例如，2015年底，纳斯达克市场推出了基于区块链技术的交易平台，用于实现部分非流通股票的交易和结算。瑞银集团在伦敦成立了区块链研发实验室，探索区块链在支付结算等方面的运用。中国银联与IBM合作，在2016年尝试推出了基于区块链技术的跨行积分兑换系统。

国际上总体认为，分布式账户、区块链技术发展尚处于起步阶段，只在限定区域或机构内实施了小范围研发和应用，其效果还有待实践检验。主要原因：一是运行效率尚不及传统的"中心化"模式。由于信息同步记入网络中所有参与者的账户，需要进行大量重复运算。二是运行成本较高。需大量消耗硬件设备、网络和电力能源等，且随着网络扩展和参与者增加，成本还会同步增长。因此，目前仅适用于少数场景：一是缺乏所有成员共同信任的权威机构；二是无须实时或高效地记录交易和存取数据；三是获取的收益可以覆盖高额的设备投入和资源消耗成本。分布式账户、区块链技术能否突破这些制约因素，实现大规模推广并产生变革性影响，还有待观察。

同时，分布式账户、区块链技术也可能对金融稳定产生影响。例如，此项技术具有"多边互信""去中心化"等特征，交易活动脱离中央清算机制，可能会增加交易各方之间的风险敞口，增大风险监测和管控难度；同时，也可能降低用户对银行等传统金融中介和交易所的依赖，影响现有金融机构的竞争力。一些科技企业在未受监管的情况下涉足金融业务，容易造成不公平竞争。在系统层面，还可能增加机构之间的关联性和金融体系的复杂性，强化羊群效应和市场共振，增强风险波动和顺周期性，影响金融稳定（李文红和蒋则沈，2017）。

10.1.3 比特币等数字货币

数字货币又称加密货币（Cryptocurrency）或虚拟货币（Virtual Currency）。按照发行主体划分，数字货币可分为法定数字货币和私人数字货币两类。法定数字货币是指由中央银行依法发行，具备无限法偿性，具有价值尺度、流通手段、支付手段和价值贮藏等功能的数字化货币。私人数字货币理论上不应称为"货币"，其本质是市场机构或个人自行设计发行，并约定应用规则的数字化符号，性质上类似于在一定范围内可流通的商品。

比特币为一种典型的私人数字货币，是区块链技术在全球的首个实际应用案例。比特币由参与者通过计算机，按照非常复杂的运算规则，以解出所设定数学算题的方式生成。比特币本质上是按照规定算法生成的具有唯一性的数字信息，记载于由所有比特币参与者组成的全球开放网络中。在每个参与者的服务器上，均可按照区块链的约定规则，同步记录并更新比特币的生成、存储、交易信息。根据其算法，比特币预计在 2040 年左右达到 2100 万个的生成上限，从而形成所谓的"发行量恒定"。

比特币及其理论兴起的背景为，2008 年国际金融危机爆发后，主要发达国家先后实施非常规货币政策，出现了流动性快速增加、货币贬值等问题，引发了市场对中央银行货币发行机制的质疑。比特币提出的"发行量恒定""去中心化""全体参与者共同约定"等理念，在一定程度上契合了公众对改进货币发行机制的诉求，获得了一定的尝试和发展空间。

由于比特币仅为数字符号，缺乏内在价值和衡量标准，其价格主要由供需决定。近年来，随着后续投资者快速增长和入场资金大幅增加，以及多数持币者囤积居奇，比特币的供需失衡不断加剧，价格总体呈现大涨大落趋势，并出现了较为明显的投机炒作现象。根据数字货币的主要服务提供商（CoinMarketCap）综合多个交易平台数据生成的价格，自 2009 年问世至今，比特币价格由零涨至 2017 年底的 1.3 万美元，最高价位为 2017 年 12 月 19 日的 1.9 万美元，之后一路走跌。截至 2018 年 3 月底，比特币价格为 6883 美元，较最高点下跌逾六成。

此外，依托比特币概念，市场出现了 ICO 等融资活动。ICO 是企业或个人在网络上公布创业项目方案（白皮书），以自行定义的代币（Token）公开募集比特币或其他具有一定流通性的私人数字货币，进而换取资金支持创业项目的行为。由于缺乏监管约束、行业自律和透明度等原因，在部分地区出现了欺诈和伪造项目，形成规避监管的非法证券发行或非法集资渠道。

10.2 "区块链 + 移动金融支付"的新型金融监管范式

随着区块链理念的传播和技术的普及，区块链从数字货币的底层技术逐渐拓展到应用领域，区块链本身的价值逐渐被人们发掘。与互联网的信息传递相区别，区块链通过连接用户的全息节点实现全网广播，可以形成共识机制和自信任机制，也可以进行价值创造和传递。区块链不再是数字货币的专属底层技术，而是逐渐渗透到政府、金融监管、移动金融支付、物联网、征信、溯源防伪等领域，与监管科技和移动金融支付等结合得越来越紧密。区块链在监管领域开辟了新的路径，并对传统的监管思路和监管范式产生了重大影响。

区块链借助改进监管的尝试，在国内外监管部门、监管科技企业以及国际组织中广泛开展，在数据存储、数据传播、证券结算、第三方支付、保险、票据、产权、风控、KYC、反洗钱、反欺诈等方面有着明显的效果，目前也处于实验试点中。随着新兴技术革命对金融行业的冲击，金融创新日新月异，金融监管不得不跟上创新的步伐，运用科技提升监管能力，让监管当局跟上技术和市场的创新链，使监管科技的功能和作用日益凸显。在监管科技形成的智能监管生态中，区块链和分布式账本（DLT）往往发挥着底层构架的作用，"区块链 + 移动金融支付"的新型金融监管范式在未来监管领域拥有广阔的蓝海。已有研究较少关注区块链在监管科技领域的实践和探索，更多的是行业内企业、咨询公司、企业联盟、国际组织等发布的区块链发展报告，如德勤、高盛、欧洲清算中心（Euroclear）、环球同业银行金融电信协会（SWIFT）、埃森哲、摩根士丹利等行业巨头和国际金融组织、咨询公司联合体纷纷加强对区块链的关注和研究，加大科研力度，研究区块链在监管和合规方面的应用。区块链的应用目前还没有上升到监管科技的层面，更多的是行业探索和商业化的应用。

10.2.1 区块链为监管科技带来新动能

从技术成熟度和生命周期来看，目前区块链技术正位于过热期，与区块链有关的话题层出不穷，区块链的概念被许多商业化组织利用，进行大肆宣传。在区块链被过度宣传、过度炒作的当下，减少看待区块链的功利心，以研究的态度，促进区块链应用于实体产业、应用于金融监管，让区块链摆脱过热期的非理性，转变市场对区块链反应失灵的现象，挖掘真正有价值的区块链场景和应用。

区块链本身蕴含的实时动态在线、分布式总账本、全网广播等思想内核，使其天然地与金融高度契合，并且在金融监管、反洗钱、金融风险控制等细分领域有着突出的表现。在区块链以"全息"化的结构连接所有节点的同时，各个节点都实时上链，并且一个节点的信息增删修改，需要全网超过51%的节点确认后才能在所有节点的区块包中进行修改。区块链的这种跨时空连接、全网记录和自信任机制，能够有效提高监管效率，把监管放到创新链上，实时在线，动态更新，提高监管的透明化和安全性，避免"信息暗箱"和"摆钟式"监管。

10.2.2 区块链保障监管数据安全透明

区块链的一大核心功能就是记账，从远古时期人类文明起源时的结绳记账、刻石记账，到近代以来发展出的单向记账、复式记账，再到以区块链技术为基础的分布式记账方法，反映了记账模式的进化演变逻辑。在区块链技术背景下，在区块中记录的信息通过加密算法和哈希函数进行保存，每个区块与前一个区块间都有唯一的哈希值。由于哈希函数的不可逆性，前后区块之间也是不可逆的，按照生成时间的先后顺序以时间戳的形式标记。已经记录上链的信息在区块链中全网广播，所有区块节点中都有备份，都可以看到通过其他节点上链的信息，仅仅修改某个节点区块的数据无法实现修改的目标。由于区块链的防欺诈和难以篡改，可回溯查看的优势，用区块链记账的金融机构数据和监管数据将更加安全透明。相比于传统金融监管要求金融机构上报一系列文件材料，需要进行烦琐复杂的会计和审计，尽职调查、出具法律意见书等程序，耗费大量的人力成本、时间成本和财力成本，以区块链构建的监管科技平台可以实时存储企业数据和监管政策，企业定期把公司报告、财务报表等上链，也可以在区块链上进行信息披露和发布行业公告，一旦信息上链则不可修改，可以有效减少实践中出现的财务造假、获取内幕信息等问题，监管机构可以及时得到真实数据，也可以随时进行查看和复核分析。

10.2.3 区块链打造新型信任机制和线上监管

区块链技术推动互联网进化的因素，不仅在于其提供了一种新型的底层架构和记账模式，更重要的是在普遍缺乏信任的互联网环境中建立了信任，将以往的信息互联网转变成为信任互联网。让在网络两端甚至全球不同地区的网络主体，都能在没有接触过的条件下建立起信任，从而促进交易的达成。与传统乡土社会、家庭宗族中的血缘信任不同，也与近现代从自由主义和个人主义发展而来的契约信任不同，也不同于现代社会主权国家赋予的国家信任，区块链信任是基于算法、技术产生的，技术、算法乃至建立在数学问题上的奖励机制具有中立性和客观性，人们自然会相信其逻辑的自洽性和真实性。这实现了信任的重构。在传统金融监管存在的问题中比较明显的就是监管者和被监管者之间缺乏信任，监管机构往往"一放就松，一管就死"，市场主体、金融科技初创企业钻监管漏洞进行监管套利的现象较为常见。在二元金融体制下，地方金融监管部门和中央监管部门之间也缺乏良好的信任机制，中央的政策能否有效传导到地方，以及地方如何执行、执行的程度，都影响着监管政策的效果。基于区块链的监管平台的打造，有利于促进监管机构和被监管方在线上交流互动，及时沟通计划和动向，开展线上研讨、论证，增强金融监管生态中各方主体的信任。

10.2.4 区块链合约促进监管政策智能化

以智能合约为代表的区块链 2.0，将智能合约置于分布式结构的上层，用编程式的合约规制经济关系。智能合约也可以应用到行政规制的金融监管领域，通过以假设条件、事实和结果三段论的逻辑结构来构建监管政策。智能合约具有良好的兼容性和延展性，可以根据实际情况进行调整和迭代。因为底层框架是稳定不变的，在这个基础上修改逻辑层和应用层的代码，其成本将比监管层从无到有制定法律法规，以及增删修改现有法规的成本更低。由于在代码层和技术层作出的变动，对金融机构产生的直接效果更明显、约束力更强，通过底层合规和技术合规推动金融机构智能化调整并符合监管规范，可能是未来区块链智能合约发展的趋势之一。另外，由于智能合约降低了监管当局的政策法规成本，监管机构和监管科技企业将能根据金融机构的动态和风险情况，灵活调整监管阈值，以编程化、数字化的法规、部门规章以及软法代替制定成文的监管政策和文件，在智能化过程中促进动态合规，让监管科技和监管政策能够智能化应变、协同化调整。

10.3 基于区块链的监管科技的代表性实践

10.3.1 互联网金融监管与区块链

互联网金融是互联网和金融的交互融合，在跨界、融合、多维共存和多方向交互的过程中，互联网金融也存在许多交叉和并发的风险。同时，互联网金融业态复杂多样，大规模活性数据存在，运用区块链存证溯源，通过安全记录和加密方式验证数据，使数据可以在分布式数据库中跨网安全共享，增强流程透明化程度，避免不必要的信息数据中介，保障数据的安全性和真实性。在监测 P2P 网贷平台非法集资的活动中，以区块链和大数据、智能算法等技术为基础开发的"冒烟指数"发挥了重要作用。"冒烟指数"是监管机构和监管科技企业合作开发的风险预警指数，通过区块链的多节点，打通各个网站和软件应用的 API（应用程序接口）。通过连接财经网站、社交舆论媒体、工商税务网站、P2P 网站、法院、贴吧等网络地址和线上 cookies，在分布式数据库中存储，然后进行数据清洗、集成、变换、规约等过程，整理出结构化、关联化的数据，利用算法模型进行分析，得出"冒烟分数"。分数越高，意味着可能存在非法集资的风险越大。当"冒烟分数"高于 80 分时，意味着金融风险事件的发生。北京市金融工作局、北京市互联网金融协会，协同公安部门一起，运用"冒烟指数"对 e 租宝等 P2P 网贷平台进行实时动态监测，成功预测了 e 租宝的风险并提前部署，及时转移、缓释风险，防止事件进一步扩散。"冒烟指数"也成功地运用在之后的现金贷、校园贷监测中，并被多个地方省市引入，应用于地方金融风险的监测预警。

10.3.2 证券监管与区块链证券结算

证券市场和资本市场也是有着大规模活性非结构化数据和信息的市场。我国证券市场发展历史较短，相关法律法规、交易规则正在发展完善。加上我国证券市场的"散户市"特征，个人投资者的有限理性和投资者不成熟等因素，证券市场的一级、二级市场中不合规现象、违法违规交易和监管套利仍然存在，如内幕交易、操纵市场、对敲买卖等行为，还有虚假信息披露、IPO 虚假上市等情况。以往证监会等监管部门对该类现象的监管主要是通过现场检查、文件审计约谈、稽查等方式，往往效率低、人力物力消耗大。此外，新技术也给传统的证券业带来了冲击，在人工智能、大数据等技术的冲击下，一些没有牌照的金融机构和个人可能利用漏洞非法获取投资数据，侵犯投资者隐私。据数据统计，在全面从严监管的背景下，2016 年至 2017 年 10 月底，沪深交易所新增上市公司 605 家，可以看出，传统主要靠人力进行监管和现场监管的方式具有较大的局限性。我国证监会也高度关注和积极探索区块链等金融科技和监管科技技术在金融监管和市场运行中的运用。积极布局区块链等新兴技术的创新和升级：一是大力实施人才战略，挑选由 16 名包括工程院院士、高校教授、监管部门负责人、代表企业高管在内的区块链、大数据和人工智能专家组成科技监管专家咨询委员会，对监管科技建设方案、运用区块链等监管科技技术在行政审批、打击违法违规行为、上市公司监管等方面发挥作用；二是积极参与国际对话合作，促进监管科技的国际合作发展，借鉴国际上资本市场发达的国家利用区块链监管资本市场的先进经验，利用新技术革命的力量推动多层次资本市场进一步完善；三是进一步发挥证券交易所的一线监管作用，利用区块链等技术加强交易所的监管职能。交易所不是单纯的交易平台，而是强大的监管者。充分发挥交易所的一线监管功能，是维护证券市场秩序，保障投资者权益的重要基石，也是国际上的普遍做法。交易所可以基于"以监管会员为中心"的模式，通过区块链进行事前 KYC、事中交易监控和事后异常报告等全过程的跟踪和记录，并用哈希散列算法等加密技术对交易和投资数据加密，可以防止数据的泄露和被非法获取，也可以便利地查询溯源。

10.3.3 票据监管与区块链

票据市场也是货币市场的重要组成部分。传统的纸质票据的交易过程存在许多灰色和不透明的地带，引发一系列票据大案，农业银行、民生银行、邮储银行等都因此遭受过重大损失，加上票据市场上还存在着不透明、不规范操作和高杠杆错配等乱象，规范票据市场，使银行承兑汇票回归安全透明高效的支付结算和企业融资方式刻不容缓。2016 年下半年，央行启动了基于区块链的数字票据交易平台的研发，央行数字货币研究所、中钞信用卡公司和相关试点商业银行共同参与探究区块链数字票据全生命周期登记流转，并于 2016 年 12 月 8 日正式上线上海票据交易所（票交所），力推电子化、数字化票据交易。目前，上海票据交易所已完成对数字票据原型系统的测试并投入正式运用。央行主导下的票据交易所采用数金链（Smart Draft Chain）的区块链实现加固，以网络协议层、数据层、平台层和应用层为逻辑，采用同态加密、零知识证明等密码学保护数据隐私，以实用拜占庭容错协议（PBFT）为共识机制，实现对票据交易和数据监测的穿透式触及。在数字票据区块链上，每一张票据和票据资产都上链，票据全生命周期包括开票、流转、贴现、再贴现、转贴现、回购等流程，通过智能化的合约来实现，满足一定的代码条件，合约自动执行，即可以自动化交易、转账和背书。同时，通过央行、票交所等监管部门控制的联盟链和 API，实现票据交易所与央行、商业银行、企业之间的数据对接，智能合约调用和监管政策自动化智能化控制，既可以构建和建立票据交易全流程中的信任，保障票据信息真实完整、可溯源，又可以充分保护票据交易者隐私，监管机构基于区块链可随时对票据交易环节开展审计，而不需第三方信息中介参与。

10.3.4 区块链技术在股权众筹领域的应用

区块链技术用于股权众筹的优势在于可以跨越时空限制、优化众筹的组合、合理分配股权及优化利益分配。传统的股权众筹的运作流程是筹资人将项目放到第三方平台，平台对项目进行尽职调查，投资人如果感兴趣，可以向平台注资，平台将资金再转移到发起人账户，若未达到筹集数量，则发起失败，相反则成功。运用区块链技术，众筹平台可以通过创建自己的数字货币来筹集资金，通过自己分发"数字股权"给早期支持者。在中国，小蚁是第一家以区块链技术进行股权登记的公司。小蚁是基于区块链技术，通过点对点进行登记发行、管理、交易等权益份额的区块链协议。初期以非上市公司的股权为切入点，为初创公司提供数字化的股权激励方案及管理方案，未来实现股权可交易，即"区块链 IPO"，使上市公司与非上市公司的界限不再那么清晰。

10.3.5 区块链技术在保险业的运用

区块链智能合约的个性化和可编程化可实现保险合同在分布式系统下的自动达成和自执行，极大地提高了保险交易双方的交互性。基于区块链去中心化的特点，传统的保险行业在区块链下没有保险机构作为强中心，保险规则作为透明标准的体系被所有客户知晓。例如，在 2016 年 7 月，布比区块链和阳光保险合作，推出"区块链 + 航空意外险卡单"，使客户在购买航空意外险后，即使没有出现保险情形，也能追根溯源了解到自己购买的保险是否是"假保险"。同时，区块链的运用使保险行业减少了中间商，降低了用户购买保险的成本。简单而言，区块链与保险行业的结合使保险流程真实透明、信息安全、可追溯、成本低、流程更清晰。2017年5月，国内的安链云基于区块链为众安保险的部分险种提供电子保单服务，保单确认后在区块链上自动封存，不可篡改，通过智能合约实现自动理赔。

10.4 "监管沙盒"：一种金融创新监管机制

"监管沙盒"（Regulatory Sandbox）项目是监管科技领域中相对成熟的解决方案之一。该项目主要是在一个虚拟的安全环境内对金融科技创新产品、服务模式、商业模式、交付机制等进行测试、评价。它具有四个核心目标（Khraisha，2018；Lee，2018）：（1）缩短上市时间；（2）改善融资渠道；（3）培育更多的创新产品；（4）保障消费者利益。英国金融行为监管局于2016年5月9日率先实施了"监管沙盒"项目，并建立了一个应用框架和保障措施（Thomas Puschmann，2017）。到2019年8月底，共进行了五轮测试工作，在完成的测试中，有八成是初创金融科技公司。此外，还有美国、新加坡、澳大利亚、印度等国家也正在进行"监管沙盒"测试工作。

"监管沙盒"是一种金融创新监管的试验场所，能够为金融机构解决信息不对称等问题及降低合规风险提供明确的政策导向，从而促进金融创新和金融监管的互联互通。我国政府已经认识到"监管沙盒"的积极意义，从2016年就开始进行"监管沙盒"的研究和试点工作：（1）香港的测试工作。2016年9月6日香港地区发布了"监管沙盒"实施指南，通过新技术提升监管政策，更好地管理金融风险、提高金融效率和强化竞争力。（2）对"监管沙盒"的研究工作。"监管沙盒"能够为创新型企业带来许多益处，在环境、政策等相关机制上需要研究符合中国国情和特色的监管机制（廖理等，2018）。"监管沙盒"可使用"中央—地方"双授权的法律模式保障法律授权，促进监管科技的较好运用（黄震等，2018；李文红等，2018）。"监管沙盒"是对金融科技创新产品与服务进行有条件、有控制、有范围的合规监管机制，能更好地平衡金融创新与监管、金融创新与规范、金融创新与金融风险之间的关系，是一种更加基于原则而非规则的适应性监管机制（廖凡等，2019）。（3）试点工作。2019年12月5日，央行发布公告表示，中国人民银行支持在北京市率先开展金融科技创新监管试点工作，北京市金融监管部门表示，将探索推动以"监管沙盒"为核心的金融科技监管创新试点落地。

10.4.1　"监管沙盒"的运行机制分析

近年来，以金融科技为驱动的金融创新得到了快速发展，有效提高了金融资源的配置效率。但是，由信息技术风险和操作风险所带来的金融系统性、周期性风险也更加复杂和隐蔽，金融监管部门迫切需要在金融创新和风险防范之间达成一种平衡。而"监管沙盒"正是实现这一平衡的有力手段，能对提升金融创新效率、防范金融风险发挥重要作用。

10.4.2　"监管沙盒"的内涵

2015年3月，英国金融行为监管局（FCA）意识到金融科技产业对经济社会的发展具有重要的推动作用，因此提出了"监管沙盒"（Regulatory Sandbox）这一概念。所谓"监管沙盒"，主要是指在保障消费者权益的前提下，放松现行监管规则的约束，为金融创新型企业提供一个"安全空间"，依据"监管沙盒"的测试原则来测试新金融产品的安全性和准确性，实现金融创新和金融监管的双赢。

10.4.3　"监管沙盒"机制的作用

（1）有利于进一步消除监管壁垒。一方面，"监管沙盒"凭借新的监管理念可消除监管隔阂，重新衡量政府与市场的关系，既能促进金融创新，又能防控金融风险，既能提高金融监管的有效性，又能为金融创新提供宽松的金融环境；另一方面，在"监管沙盒"内，金融科技企业可及时分析消费者和监管者的反馈信息，以帮助金融科技企业有效防范创新带来的风险，为今后拓宽金融市场积累经验。

（2）有利于进一步保护金融消费者。"监管沙盒"的测试过程更加注重对金融消费者权益的保护，主要体现在以下三个方面：一是测试机构应如实告知项目的测试时间、潜在的风险以及风险补偿机制；二是测试机构能确保消费者及时了解项目测试情况；三是积极促进金融科技产品投向市场，不断提高金融科技企业的服务质量和服务水平，为消费者提供更优质的产品和服务。

（3）有利于进一步增强信息共享。"监管沙盒"测试的项目涉及支付清算、投融资管理和保险等领域，通过测试可以加强各领域统计数据的交流，实现信息共享。同时，监管机构以测试企业的反馈信息为基础，建立风险预警管理机制，强化风险防范，提升监管的有效性、准确性。另外，创新企业和监管部门应构建良好的沟通机制，通过信息共享不断完善监管体系，使金融创新更加合规化。

10.4.4 提出构建具有自主知识产权的"监管云盒"测试框架与标准

"监管云盒"是以云计算为基础，区块链技术为监管机制，利用人工智能等进行分析处理的智能评测标准。其主要内容有：（1）构建具有自主知识产权的"监管云盒"测试框架。（2）提出"监管云盒"测试的目的、内容、测试方法等相关测试标准。（3）利用区块链技术，为金融科技企业公司注册、公司在线管理服务，是一个提供自动化注册、记录公司资产和股权变动情况的金融科技企业管理平台。

"监管沙盒"的运行模式：（1）确定测试主体。"监管沙盒"主要以金融科技企业为测试主体，以测试的方式预见并化解技术创新给传统金融行业带来的风险。各个国家和地区为鼓励和支持金融创新，均以放宽对测试主体的要求来激发金融科技企业的创新积极性。金融科技企业能否使用"监管沙盒"进行测试主要从以下四点来判断：①金融科技企业是否有测试积极性；②金融创新产品是否有利于金融业的发展；③金融创新是否为消费者和投资者带来了便利；④测试目的是否明确。（2）选择测试项目。不同国家和地区都把测试的必要性和充分性作为选择测试项目的标准。测试的必要性是指该创新项目除"监管沙盒"外，无法通过其他方式进行测试。测试的充分性是指测试具有理论和现实意义：一方面，通过测试可以传达金融监管新思维，改善传统监管互动性差的缺点；另一方面，通过测试可以平衡监管者、企业和消费者之间的利益关系，建立良好的合作机制。（3）进入测试。当监管机构确定了参与测试的主体与测试的项目后，被测试企业将进入测试流程。

本书提出以适合中国金融环境的、具有自主知识产权的"监管云盒"测试框架与标准，建立"监管云盒"测试中心。图 10 – 3 展示了"监管云盒"测试框架。

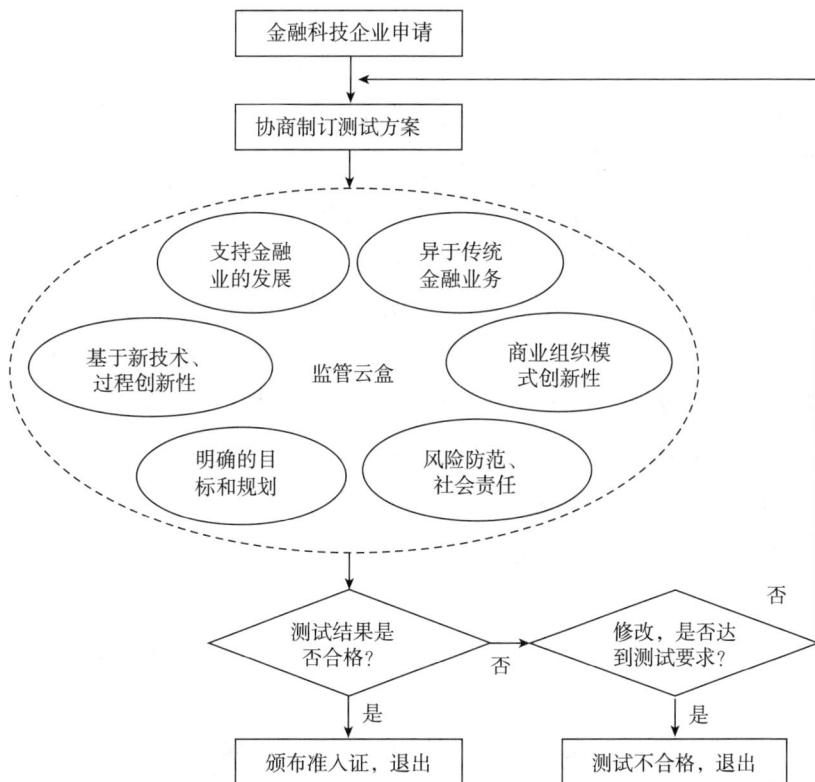

图 10 – 3 "监管云盒"测试框架

"监管云盒"向参与测试的产品发放一张测试智能卡,智能卡使用区块链技术完成电子虚拟货币的交易功能与记录,最后通过中国人民银行生成用户证书,将身份信息与账户信息连接起来,这使该智能卡无须银行结算,双方银行账户立即就能显现资金流动。

"监管云盒"的"盒"就是由参与的机构、应用的技术、业务渠道、业务模式等组成的,在这样明确的范围内进行突破现有监管规则的试验。测试的金融科技创新产品或服务可能涉及新的被监管的行为,因此需要获得相应的牌照或免责资格进行测试。

10.4.5 制定"监管云盒"评测中心的评测流程

"监管云盒"评测中心是按照"监管云盒"评价框架及测试标准向金融监管部门建议设立的评测中心,该中心对金融科技创新产品及服务可能涉及新的被监管的行为,需要获得相应的牌照或免责资格进行测试。其主要内容有:(1)企业申请测试;(2)与企业协商制订测试方案;(3)将测试结果报送政府监管机构、测试退出机制。

"监管云盒"测试的主要流程包括以下几个方面。

(1)评测要求。要求参加"监管云盒"测试的金融科技创新产品或服务具备以下基本要求:①能够解决当前金融业的瓶颈或能够支持金融业务的发展;②显著异于传统的金融业务;③基于新技术,提供快速、简捷处理过程,降低成本;④具有良好的商业组织模式,能够为消费者和社会创造价值;⑤金融科技企业具备明确的发展目标和发展规划;⑥企业具备风险防范机制、社会责任感,具有强烈的合规性和自律性。

(2)申请流程。企业或公司向"监管云盒"测试中心申请进行"监管云盒"测试,如果申请通过,"监管云盒"测试中心就与企业协商制订一份完整的测试方案,主要内容有测试目标、测试方法、测试内容、测试流程、参与人数、成功标准、潜在风险与消费者保护等。测试方案完成后,测试专员会将该方案提交到当地银保监局进行审批,审批通过即可开始测试。"监管云盒"测试中心根据测试结果决定企业是否将产品或服务投入市场。

（3）退出机制。在筛选条件合格的前提下，"监管云盒"测试中心允许参与实验的企业向客户推出创新产品和服务，测试期一般为3～6个月，一旦达到规定好的测试时间，企业将退出"监管云盒"测试，给创新产品和服务发布准入证。

在"监管云盒"测试期间，"监管云盒"测试中心能够对测试企业提供充分帮助，如对持牌金融机构的金融创新行为提供合规性评估、为企业提供合规性指导、在其权限范围内提供一定的法律豁免权；对非持牌机构提供"短暂授权"，允许在"监管云盒"测试持牌机构业务中，了解消费者对产品或服务的需求，为申请正式金融牌照做准备。同时，为保护消费者权益，监管云盒内的企业需要对消费者的损失进行赔偿，并需要证明具备该赔偿能力。

在推行"监管云盒"测试的进程中还要注意以下问题：一是为"监管云盒"测试企业制定适当的监管条件，激发其创造力，同时也要注意防范其他问题，实现企业在"监管云盒"测试范围内不断试错、改错的螺旋式上升，不断完善产品、服务和监管规则。二是根据不同行业、不同产品的特点制定相应的门槛、测试时间与测试方案，最大化保护消费者利益。三是适当推动金融行业混业监管，打破部门壁垒，推动颠覆式金融模式发展。四是在推行"监管云盒"测试的过程中将我国已有的软法管理和金融科技创新不断结合，促进我国金融监管制度更新与发展。

10.5　本章小结

本章梳理了国内外区块链在监管科技领域的实践和探索，正视区块链技术存在的局限性和问题，探寻区块链在金融监管领域的场景嵌套和深度融合，试图利用监管科技的能量和实践加速区块链的治理和优化。区块链技术在监管科技领域的运用，本身还处在成长期，还有许多局限和不完善之处。随着技术的发展进化，区块链与监管科技、金融监管的契合度必然越来越高，也会催生许多新的应用场景。从我国已有的区块链应用于监管的实践和国外探索来看，市场和政府应为其提供宽松的可试验的环境，通过多方同时在线协同互动的模式，优化监管科技治理模式，升级金融监管理念。同时，作为一种新技术，区块链只有通过"技术创新＋制度创新＋理性反思"等的不断迭代，才可能防范其中的风险，真正用好区块链技术，促进数字经济健康发展。

"监管沙盒"机制通过运用现代信息技术实现对金融创新的弹性监管，弥补了传统监管模式的不足，降低了监管成本，提高了监管效率，真正实现了金融创新带来的社会价值。但随着金融市场形态的日益变化，实践中"监管沙盒"在给人们带来便利的同时也存在很多局限性，监管信息安全和法律问题尚未得到有效解决，所以"监管沙盒"机制还需要进一步完善和发展。挑战与机遇并存，"监管沙盒"机制必将引领金融监管的潮头，促进金融创新健康发展。

第 11 章
政策建议

本书主要是针对多维信任的移动金融支付风险、信任评价机制等相关问题进行论述，并对这些问题给出一些相关的政策建议。主要政策建议有三个方面：一是移动金融支付发展的决策建议；二是对开展移动金融支付业务的金融机构的建议；三是防范移动金融支付信任风险的对策建议。

11.1　移动金融支付发展的决策建议

（1）强化移动金融支付的标准化建设

移动金融支付是移动通信技术与金融数字化技术的融合，其相关的技术、应用可谓是五花八门，应有尽有，参与的行业、企业非常多，需要与不同行业、企业进行设备、软件、数据等相关信息的融合，从而需要建立一系列的行业标准。

（2）整合价值链，加强行业协作，实现共赢

移动金融支付还是一个新兴的业务，其发展还需要有一个明确的价值链和经营模式，需要参与各方的共同合作经营。在这条价值链上，每一个环节都会对移动金融支付的发展起到重要的协作作用。需要价值链上的行业、企业具有明确的责、权、利，加强行业协作，实现快速健康发展。

（3）提高移动金融支付的安全性

①加强政府部门的监管。政府部门应加强对非法网站、恶意病毒的监管和清理工作，为用户使用移动金融支付创造良好的网络环境。

②移动金融支付软件开发者应注重软件的安全性、可靠性等方面。开发防止交易密码泄露的机制，开发移动金融支付账号、密码安全机制，开发安全性、防止误操作的键盘输入机制，防止交易密码泄露、远程控制和键盘录入等现象。

③建立第三方信任认证机构。建立或竞标第三方信任认证机构为移动金融支付信任、金融软件等方面的安全认证机构，让用户们放心使用移动金融支付进行金融支付活动。

④商业银行或移动无线网络运营商主动承担部门责任。对于用户在使用移动金融支付过程中发生的不安全事件，技术、软件的运营者以及移动金融支付机构应主动承担责任，赔偿用户损失。

（4）加强跨产业合作

①加强金融机构与移动通信运营商之间的合作。在技术方面，移动无线网络运营商在开发网络系统、金融软件系统时应考虑到移动金融支付需要的系统环境，并且分享掌握的信息资源，加强与金融机构的合作。

②加强金融机构与移动通信运营商的合作。整合移动金融支付系统，避免造成资源浪费。

③政府部门应加强监管，制定合理的竞争规则。政府部门应制定合理的电子货币准入规则，制定合理的竞争规则，缓和第三方移动金融支付软件与金融机构之间的矛盾，营造公平竞争环境。

（5）加强市场监管机制

我国正处于移动金融支付的发展初期，政府部门应该积极支持、合理引导和风险防范。对于金融机构来说，要营造良好、公平的竞争环境，建立风险赔付机制，要做到自我控制、自我监管。对于第三方移动金融支付来讲，首先，要制定第三方金融支付统一、公平的市场竞争环境；其次，要对第三方金融支付的资质进行严格的审查、规范化管理。目前，国内对移动金融支付的监管条件和政策还不是很标准和规范，在这种条件下贸然全面开放移动金融支付市场，风险和不确定因素将会变大，对移动金融机构的冲击也会很大。

11.2　对开展移动金融支付业务的金融机构的建议

（1）围绕金融机构，建立以提高移动金融支付信任度为核心愿景的宣传、营销、售后反馈信息体系，并将其作为单独的新兴利润中心予以决策考虑。

（2）通过运用4G、5G先进的技术手段，减少移动金融支付环节中的各种风险操作。

（3）建立移动金融支付错误操作、损失报告等处理机制，建立完善的损失发生应急处理措施。

（4）建立移动金融支付风险计算和提取风险准备金机制，充分保证移动金融支付用户资金的安全性。

（5）寻找新的市场定位，突出移动金融支付的特色服务，抢占市场先机。在未来的移动金融支付发展过程中，金融机构应该充分发挥资源配置和金融支付平台的优势，对金融产品进行整合，使移动金融支付的使用深入人心。

（6）运用智能优化技术，提升通信质量、服务质量以及移动用户的体验感。移动金融支付依托移动通信网络的优化技术来改进移动金融支付用户的操作性、安全性，提升移动金融支付的用户感知度。

（7）配备动态口令密码器，提升移动金融支付的账户号码、密码以及个人信息的安全性。防止手机遗失、手机遭黑客入侵等造成的损失。

（8）细分用户群体，全面拓展移动金融支付业务类型，建立移动金融支付用户信息反馈制度与信任等级数据库。

11.3　防范移动金融支付信任风险的对策建议

（1）首先要建立和完善社会信任体系，而完善的社会信任体系是减少移动金融支付风险的重要制度保障之一。移动金融支付具有较强的不确定性，需要更好的社会信任体系来保障移动金融支付业务的长远发展，减少不良移动金融支付事件的发生。

（2）信任风险影响着移动金融支付建立新的用户关系或业务渠道，移动金融支付信任受到质疑，将直接导致移动金融支付用户资源的流失。主要对策：一是加强移动金融支付的金融业务人员与技术人员的信息沟通，可以较好地提升金融业务人员与用户的信任交流，减少移动金融支付信任风险的发生。二是建立第三方信任服务认证机构；由第三方机构维护信任等级的评级公正性，向移动金融支付机构、移动金融支付用户提供所需的信任等级报告，帮助移动金融支付和用户防范信任风险，确保社会信任机制的发挥，促进整个社会信任秩序的根本好转。

（3）加强移动金融支付个人信息的保护，提升虚假信息的识别能力。

（4）加强移动金融支付内部管理能力，完善各种规章制度和业务协议，促进移动金融支付业务健康有序发展，避免和减少法律纠纷。一是加强移动金融支付和移动金融支付用户之间的权利义务关系，规范移动金融支付业务协议；二是完善移动金融支付和移动通信运营商之间的协议；三是强化移动金融支付与软件供应商之间的协议机制，确保软件安全与可靠。

（5）加大对移动金融支付犯罪的打击力度。随着社会信息化程度的不断提高，互联网犯罪日益渗透，其危害程度也越来越高，而《刑法》对互联网犯罪的规定较为粗疏，量刑相对较轻，对互联网上的金融犯罪威慑力较弱。因此，目前迫切需要针对移动金融支付犯罪的相关法律，加大对移动金融支付犯罪的打击力度，确保移动金融支付业务稳健发展。

（6）设置银行账户限额。第一，要在3G、4G、5G手机中安装杀毒软件或安全监控软件，保障智能手机系统的安全性；第二，要在3G、4G、5G手机中设置敏感软件使用的访问权限、范围和密码机制，一旦手机丢失，就可以使用远程控制销毁手机中重要的数据信息和个人信息；第三，禁止在手机上安装来历不明、可能有危险的应用软件，禁止对不明确的二维码进行扫描；第四，根据支付需要和信任程度，即时设置银行账户每天、每次支付和消费限额，设置银行支付和消费的微信、短信、邮件等通知机制；第五，还要减少3G、4G、5G手机用户个人信息的泄露，特别是身份证号、手机号、微信号、电子邮箱等敏感信息的泄露，拒绝过多的抽奖、办理会员卡等诱惑。关键的移动通信网络、互联网服务，背后都必然对应一个唯一的标识、电子邮箱等，一旦密码被盗，会带来严重的金融支付风险。

第 12 章
总结与展望

12.1　总结

本书的开始部分阐述了使用移动金融支付业务的主要动机。首先，本书论述了移动金融支付的主要概念、相关理论和金融支付业务的核心技术，然后从移动金融支付的系统架构和移动通信技术等为移动金融支付提供优化的移动技术支撑。在接下来的移动金融支付的相关理论模型中，顾客满意度、用户采纳影响因素等都有重要的理论基础，移动金融支付用户信任度评价及风险防范机制对金融风险具有较好的防范能力。同时，我们也注意到，金融科技将更好促进金融行业、高科技行业快速发展。本书的主要工作体现在以下几个方面。

（1）在讨论移动金融支付业务之前，我们论述了移动金融支付所需要的移动通信技术基础。建立了一种移动无线网络移动节点（手机）的能源消耗模型，提出了一种能源消耗模型的遗传优化算法，该算法能够延长移动节点（手机）使用时间。根据能源信息熵的定义，建立了一种移动节点能源信息熵的多路径传输机制以及移动信息熵的移动簇首节点选择算法。针对移动通信网络、互联网中的大数据的处理技术以及移动金融支付中的数据处理技术问题，对移动金融支付在大数据环境下的海量数据处理技术进行了分析与研究。

（2）移动金融支付的活动需要许多顾客参与，顾客满意度对移动金融支付起着决定性的作用。本书论述了在移动金融支付活动中，顾客满意度的相关理论与模型，顾客满意度与金融支付服务质量的关系问题，同时也对比分析了移动金融支付用户采纳影响因素的相关理论模型，这些模型还可以用于其他行业对用户采纳因素的评价。

（3）移动金融支付已经应用于大多数具有移动手机的用户，国内许多金融机构都参与了移动金融支付业务，移动金融风险也会引起金融行业的系统性风险。我们构造了一种移动金融支付的系统构架、移动金融支付的信息安全技术、移动金融支付风险的防范机制等。

（4）移动金融支付风险的指标体系、移动金融支付用户的信任指标、风险评价指标以及信任度评价等是移动金融支付的重要因素。在本书中，我们建立了一种移动金融支付风险的指标体系，给出了相应的风险评价模型及措施。在此基础上，分析了移动金融支付多维信任的维数、多维信任因素之间的相互关系，总结了一套反映多维信任的移动金融支付风险评价创新的指标体系及数学模型，宏观上指导移动金融支付更加有效地实施移动金融支付环境下的金融支付创新。

（5）对多维度的移动金融支付用户信任度评价模型、评价方法、移动金融支付风险规避决策等相关理论和信任等级评价数据库进行了研究。对于初始用户通过慢开始机制提升用户的感知度、满意度和信任度，当达到一定的程度后，出现了风险，就可以通过风险规避决策机制降低信任度，从而较好地防范移动金融支付风险。

（6）本书论述了金融科技促进移动金融支付的手段和技术的改革；金融科技促进移动金融支付向功能与结构方向发展；金融科技促进移动金融支付向全天候、跨地域的方向发展。金融科技扩展了移动金融支付的服务范围与服务能力，扩大了金融服务覆盖面，打破了现有金融的边界，打通了金融服务"最后一公里"。

（7）本书最后介绍了区块链技术在移动金融支付领域的实践应用与探索工作，论述了在监管科技形成的智能监管生态中，"区块链＋移动金融支付"的新型金融监管范式在未来监管领域拥有广阔的蓝海。

12.2 未来工作展望

虽然本书大部分专注于移动金融支付的风险问题，同时我们也初步介绍了金融科技的风险与监管科技的机制、区块链在移动金融支付链中的一点应用，但这些仅仅是初步的介绍，其更加深入的研究工作才刚刚开始。

（1）提升移动金融支付过程中的数据信息，如支付数据的安全性、即时验证性、可追溯、不可篡改和个人信息的隐私性。

（2）移动金融支付的发展也必须依赖金融机构和移动通信平台的发展，必须应用于各类增值业务。目前，国内基于移动金融支付的增值业务品种相对较少，主要集中在账单支付等与传统支付相类似的一些支付业务，而且还需要同传统的支付方式竞争，移动金融支付业务并不能完全体现其优势所在。

（3）技术的多样性和标准的不统一。移动金融支付是移动通信技术与金融数字化技术的融合，虽然移动通信技术有其相关的技术标准，但金融数字化的应用可谓是五花八门，应有尽有。由于技术、标准的不统一，造成各自为战，不能形成合力。只有实现了移动金融支付的标准化，不同行业间才可以实现统一的行业标准，与相关的企业、行业等达成共识，实现移动金融支付更快发展。

（4）加强行业间的协作性。移动金融支付的发展涉及多个行业、企业等。其价值链可包括移动终端、网络设备商、系统集成商、移动运营商、金融机构、客户等。在这样一个复杂的环境中，一是需要有一系列标准；二是需要各行业、企业以及各个环节之间的合作。

第12章 总结与展望

参考文献

［1］巴曙松，白海峰．金融科技的发展历程与核心技术应用场景探索［J］．清华金融评论，2016（11）：99 – 103.

［2］白璇，赵静茹，朱坤昌，李永强．手机银行使用意愿的影响因素研究［J］．科学决策，2010（9）：14 – 21.

［3］车安华，马小林．银行业金融科技发展问题探讨［J］．征信，2018（7）：82 – 85.

［4］陈超．3G 通信网络的安全分析［J］．信息安全与技术，2011（8）：14 – 16.

［5］陈姝，窦永香，张青杰．基于理性行为理论的微博用户转发行为影响因素研究［J］．情报杂志，2017，36（11）：147 – 152，160.

［6］道格拉斯·阿纳，亚诺斯·巴韦里斯．金融科技的发展：金融危机后的新模式［J］．新金融，2018（5）：9 – 15.

［7］邓向荣，曹红．系统性风险、网络传染与金融机构系统重要性评估［J］．中央财经大学学报，2016（3）：52 – 60.

［8］方意．中国银行业系统性风险研究——宏观审慎视角下的三个压力测试［J］．经济理论与经济管理，2017（2）：48 – 66.

移动金融支付风险模型及评价机制

［9］方悦．手机银行及用户行为研究［D］．北京：对外经济贸易大学，2016．

［10］冯心怡．基于关键测评指标的手机银行顾客满意度研究［D］．兰州：兰州商学院，2014．

［11］高旭．印度公布监管沙盒草案，加密货币机构还是吃了闭门羹［EB/OL］．［2019 – 04 – 19］．https：//www.01caijing.com/article/39242.htm.

［12］桂心驰，张雪，解娅婷．居民手机银行使用行为影响因素研究——以江苏省泰州市为例［J］．安徽农业科学，2016，44（23）：215 – 219．

［13］郭娱颖，朱志刚．金融科技创新发展现状与对策——以浙江省杭州市为例［J］．河北金融，2018（9）：8 – 13．

［14］何宝宏．新一代信息技术推动金融科技向纵深发展［J］．金融电子化，2017（5）：67 – 69．

［15］何晓晴．全国人大代表陈晶莹：借鉴"沙盒监管"推进征信业供给侧改革［N］．21 世纪经济报道，2017 – 03 – 07（14）．

［16］贺建清．金融科技：影响、发展与监管田［J］．金融发展研究，2017（6）：54 – 61．

［17］胡斌祥，严岿．汽车购买过程中消费者认知价值的探讨［J］．汽车工业研究，2011（3）：38 – 39，48．

［18］胡建理，周斌，吴泉源，李小华．P2P 网络环境下基于信誉的分布式抗攻击信任管理模型［J］．计算机研究与发展，2011，48（12）：2235 – 2241．

［19］胡未央，张兵，曹安．手机银行个人客户忠诚度研究——基于PLS – SEM 模型［J］．调研世界，2015（5）：52 – 56．

［20］黄震．区块链在监管科技领域的实践与探索改进［J］．人民论坛·学术前沿，2018（7）：24 – 32．

［21］霍映宝．顾客满意度测评理论与应用研究［M］．南京：东南大学出版社，2010．

［22］焦勇兵．感知风险和信任在网络银行采用中的角色研究［J］．

山西财经大学学报，2008，30（6）：83-89.

［23］李斌．金融科技的内涵与发展［N］．金融时报，2018-05-23（004）.

［24］李东荣，李晓枫，李兴峰，等．中国移动金融支付技术标准体系研究报告［M］．北京：中国金融出版社，2012.

［25］李昊．监管沙盒的国际实践、效果分析及我国推行的路径选择［J］．南方金融，2019（7）：3-10.

［26］李宏达，李林森．手机银行风险评价体系研究［J］．计算机应用与软件，2014，31（12）：303-306.

［27］李佳卉．金融科技的发展与监管［J］．时代金融，2018（1）：65-66.

［28］李舒頔．论手机银行信用风险和技术风险的法律规制［J］．浙江金融，2016（4）：48-53.

［29］李文红．关于金融科技发展与监管的思考和建议［J］．清华金融评论，2017（11）：33-35.

［30］李瑛琦．商业银行客户关系管理研究［J］．商业经济，2012（18）：117-118.

［31］李正旺，张彬，彭炜．全球金融危机后中德两国金融监管效率比较分析［J］．武汉金融，2015（12）：23-26.

［32］廖凡．金融科技背景下监管沙盒的理论与实践评析［J］．厦门大学学报（哲学社会科学版），2019（2）：12-20.

［33］廖理，戚航，闫竹，张伟．强防范金融风险 保护金融创新之一——英国监管沙盒调研与建议［J］．清华金融评论，2018（3）：47-51.

［34］刘百灵，夏惠敏，李延晖．移动购物用户信息披露意愿影响因素的实证研究——基于公平理论和理性行为理论视角［J］．情报理论与实践，2017（5）：87-93.

［35］刘畅．湖北地区银行业系统性风险的识别与测量——基于夏普市场模型［J］．湖北经济学院学报（人文社会科学版），2014（11）：

30 – 31.

［36］刘畅．银行业监管理论的演进与综述［J］．湖北经济学院学报（人文社会科学版），2016（3）：43 – 44.

［37］刘恩茂，孙英隽，陈妍．手机银行业务风险分析和防范研究［J］．金融经济，2011（20）：51 – 53.

［38］刘建新，孙明贵．顾客体验的形成机理与体验营销［J］．财经论丛（浙江财经学院学报），2006（3）：95 – 101.

［39］刘丽．"沙盒监管"或成区块链监管趋势［N］．经济参考报，2017 – 08 – 30（3）.

［40］刘晓燕，孔祥茹．手机银行技术发展与应用探讨［J］．电信技术，2015（9）：77 – 78.

［41］刘新燕．顾客满意度指数模型研究［M］．北京：中国财经经济出版社，2003.

［42］刘萱．浅谈3G技术背景下我国手机银行的发展策略［J］．河北金融，2010（3）：7 – 8.

［43］刘以研，白璐．信息技术条件下的手机银行安全问题研究［J］．情报科学，2012，30（4）：609 – 612.

［44］马宝龙，李飞，王高，李纯青．随机RFM模型及其在零售顾客价值识别中的应用［J］．管理工程学报，2011（1）：102 – 108.

［45］乔韶．手机银行推出背景和客户满意度影响因素实证研究——以××银行为例［D］．成都：电子科技大学，2018.

［46］任洁，任利成．手机银行顾客满意度模型的研究［J］．北方经贸，2014（9）：168 – 169.

［47］施晓婷．手机银行顾客满意度模型研究［D］．济南：济南大学，2015.

［48］宋莺，桂超，鲁晓成，陈华，孙宝林．A Genetic Algorithm for Energy – Efficient Based Multipath Routing in Wireless Sensor Networks［J］．Wireless Personal Communications，2015，85（4）：2055 – 2066.

［49］隋聪，谭照林，王宗尧．基于网络视角的银行业系统性风险度

量方法 [J]. 中国管理科学, 2016, 24 (5): 54 - 64.

[50] 孙宝林, 桂超, 刘畅, 陈轩宇, 孙超豪. 多维信任的手机银行风险评价指标体系研究 [J]. 武汉金融, 2016 (5): 39 - 41.

[51] 孙宝林, 肖琨, 桂超, 陈轩宇. 一种基于手机银行的多维信任等级评价模型研究 [J]. 华中师范大学学报 (自然科学版), 2016 (4): 525 - 529.

[52] 孙宝林, 肖琨, 宋莺, 桂超. An energy entropy – based minimum power cost multipath routing in MANET [J]. International Journal of Grid and Distributed Computing, 2016, 9 (2): 169 - 180.

[53] 孙波, 张雅婷. 中美金融科技对比及其发展趋势 [J]. 科技创新发展战略研究, 2018, 2 (4): 44 - 47.

[54] 孙超豪, 史俊飞, 牟姣, 沈捷睿, 孙宝林, 戴志锋. 手机银行的金融信息安全现状及防范调查研究 [J]. 信息通信, 2015 (4): 227 - 228.

[55] 孙娜. 新形势下金融科技对商业银行的影响及对策 [J]. 宏观经济管理, 2018 (4): 72 - 79.

[56] 陶良虎, 周舜. 基于理性行为理论和生态文明理论展开的产业结构形成路径研究 [J]. 生态经济, 2019, 35 (5): 213 - 217.

[57] 童向荣, 黄厚宽, 张伟. Agent 动态交互信任预测与行为异常检测模型 [J]. 计算机研究与发展, 2009, 46 (8): 1364 - 1370.

[58] 汪莉霞. 基于改进结构方程模型的平台企业顾客满意度的实证 [J]. 统计与决策, 2019 (5): 174 - 177.

[59] 王国松, 贾珮. 基于感知风险理论模型的大学生移动金融支付使用意愿分析 [J]. 上海商业 (理论版), 2017 (11): 51 - 55.

[60] 王昆. 手机银行客户体验影响因素评价研究——以青岛市为例 [D]. 青岛: 青岛大学, 2017.

[61] 王时健. A 银行手机支付业务风险控制研究 [D] 昆明: 云南财经大学, 2015.

[62] 王溯, 傅贤治. 体验营销与顾客体验价值分析模型 [J]. 经济

管理，2006（21）：66-69.

［63］王勇．中国版监管沙盒为金融科技创新护航［EB/OL］．［2019-12-10］．http：//www.cs.com.cn/xwzx/hg/201912/t20191210_6006623.html.

［64］王宇．网络银行顾客使用情况及满意度分析［J］．科技传播，2019（3）：122-125.

［65］微众银行用户体验联合实验室．手机银行亟待以用户需求带动产品提升——数字银行时代对手机银行用户体验的调研及洞察［J］．中国银行业，2018（5）：96-98，54.

［66］吴晓云，焦勇兵．顾客采用网络银行的影响因素研究［J］．南开管理评论，2008，11（6）：18-27.

［67］肖琨，陈轩宇，孙宝林．面向服务的手机银行安全性问题研究［J］．信息通信，2016（1）：260-261.

［68］肖琨，孙宝林，桂超．A novel energy entropy based on cluster-head selection algorithm for wireless sensor networks［J］．International Journal of Grid and Distributed Computing，2016，9（3）：199-208.

［69］肖琨．大数据环境下的海量非结构化信息处理［J］．信息通信，2016（8）：167-168.

［70］肖翔，陈则栋，战天舒，付大源．我国商业银行金融科技发展现状、问题与建议［J］．当代金融家，2018（8）：76-79.

［71］谢滨，林轶君，郭迅华．手机银行用户采纳的影响因素研究［J］．南开管理评论，2009，12（3）：2-19.

［72］徐大富．浅析手机银行业务的法律风险防范［J］．人大建设，2018（1）：54-56.

［73］徐冬磊．C2C电子商务中的顾客满意度影响因素分析［D］．合肥：安徽大学，2010.

［74］杨东．区块链如何推动金融科技监管的变革［J］．人民论坛·学术前沿，2018（6）：51-60.

［75］杨丽光．手机银行个人客户忠诚度评价研究［D］．长沙：湖南

大学，2011.

[76] 姚水洪，陈真真．手机银行服务质量对持续信任的影响研究 [J]．经济与管理，2013（11）：78-82.

[77] 应倩倩，刘海二．互联网金融的规制路径研究 [J]．西南金融，2017（10）：56-60.

[78] 俞明南，张明明，武芳．手机银行个人用户使用意向多因素模型及影响分析 [J]．市场研究，2014（1）：33-38.

[79] 庾力，陈继明，王瑱．中国手机银行发展：现状、问题及对策 [J]．西部金融，2012（4）：13-23.

[80] 张杰．手机银行风险分析及规避措施探讨 [J]．现代营销（下旬刊），2018（10）：52-53.

[81] 张锐．金融新革命：从 Fintech 到 Regtech [J]．中外企业文化，2017（7）：5-11.

[82] 张新安，田澎．顾客满意与顾客忠诚之间关系的实证研究 [J]．管理科学学报，2007（8）：62-72.

[83] 张学陶，罗思．网上银行客户体验评价研究 [J]．财经理论与实践，2015（1）.

[84] 张学武．中国建设银行的顾客满意度分析 [D]．成都：西南交通大学，2011.

[85] 张昱，谢怀军．手机银行用户活跃度与黏度的影响因素与业务发展研究 [J]．财经界，2012（2）：168-170.

[86] 张缘成．《互联网金融报告2017》引入中国版"监管沙盒" [N]．农村金融时报，2017-04-10（5）.

[87] 赵冀梅，张季芳．从客户体验角度看银行服务管理 [J]．统计与管理，2014（7）：128-129.

[88] 赵杰，牟宗杰，桑亮光．国际"监管沙盒"模式研究及对我国的启示 [J]．金融发展研究，2016（12）：59-63.

[89] 郑锐洪，杨蕾．体验营销：顾客体验价值形成与实现的二维路径 [J]．经济问题探索，2012（8）：86-89.

［90］中国银联产品创新部. 中国银联手机支付产品白皮书［Z］. 内部资料, 2010.

［91］钟辉. 中小商业银行开展手机银行业务发展研究［J］. 金融经济, 2012（18）: 105－107.

［92］钟慧安. 金融科技发展与风险防范研究［J］. 金融发展研究, 2018（3）: 81－84.

［93］周睿敏, 张文秀. 金融科技创新风险及控制探析——基于大数据、人工智能、区块链的研究［J］. 中国管理信息化, 2017, 20（19）: 33－36.

［94］朱太辉, 陈璐. FinTech 的潜在风险与监管应对研究［J］. 金融监管研究, 2016（55）: 18－31.

［95］Alharbi, S. T. Trust and acceptance of cloud computing: A revised UTAUT model［R/OL］. In 2014 international conference on computational science and computational intelligence, https: //doi. org/10. 1109/CS-CI. 2014. 107.

［96］Anderson Eugene W, Fornell Claes. Foundations of the American customer satisfaction index［J］. Total Quality Management, 2000.

［97］Baolin Sun, Chaohao Sun, Chang Liu, Chao Gui. Research on Initial Trust Model of Mobile Banking Users［J］. The Journal of Risk Analysis and Crisis Response（JRACR）, 2017, 7（1）: 13－20.

［98］B. H. Schmitt. Experience Economic and Business Operation and Management Reform［J］. CHINA BUSINESS AND MARKET, 2002, 16（4）.

［99］C. Martins, T. Oliveira, A. Popovicč. Understanding the Internet banking adoption: A unified theory of acceptance and use of technology and perceived risk application［J］. International Journal of Information Management, 2014, 34（1）: 1－13.

［100］David Carfi and Francesco Musolino. A Coopetitive Approach to Financial Markets Stabilization and Risk Management［J］. Communications in

Computer and Information Science, 2012, 300 (Part 4): 578 – 592.

[101] David Carfi and Francesco Musolino. A Coopetitive Approach to Financial Markets Stabilization and Risk Management [J]. Communications in Computer and Information Science, 2012 (300): 578 – 592.

[102] F. D. Davis, V. Venkatesh. A critical assessment of potential measurement biases in the technology acceptance model: three experiments [J]. International Journal of Human-Computer Studies, 1996, 45 (1): 19 – 45.

[103] F. M. Leiva, S. C. Climent, F. L. Cabanillas. Determinants of intention to use the mobile banking apps: an extension of the classic TAM model [R]. Span. J. Mark. ESIC.

[104] G. Kim, B. Shin, H. G. Lee, Understanding dynamics between initial trust and usage intentions of mobile banking [J]. Information Systems Journal, 2009, 19 (3): 283 – 311.

[105] H. R. Marriott, M. D. Williams. Exploring consumers perceived risk and trust for mobile shopping: a theoretical framework and empirical study [J]. J. Retail. Consum. Serv. , 2018 (42): 133 – 146.

[106] I. Lee, Y. J. Shin. Fintech: Ecosystem, business models, investment decisions, and challenges [J]. Business Horizons, 2018 (61): 35 – 46.

[107] Johnson, E. W. , Fornell, C. . Foundations of the American customer satisfaction index [J]. Total Quality Management, 2000.

[108] J. Fan, M. Shao, Y. Li, X. Huang. Understanding users' attitude toward mobile payment use: a comparative study between China and the USA [J]. Ind. Manag. Data Syst. 2018, 118 (3): 524 – 540.

[109] J. Wonglimpiyarat. Challenges and dynamics of FinTech crowd funding: An innovation system approach [J]. Journal of High Technology Management Research, 2018 (29): 98 – 108.

[110] Kleijnen, M. et al. Consumer Acceptance of Wireless Finance

移动金融支付风险模型及评价机制

[J]. Journal of Financial Services Marketing, 2004, 8 (3): 206 – 217.

[111] LaSalle & Britton. Customer relations [J]. Emerald Management Reviews, 2003, 32 (5).

[112] Montesdioca, G. P. Z., & Maçada, A. C. G. Measuring user satisfaction with information security practices [J]. Computers & Security, 2015, 48 (1).

[113] M. Ramkumar, Tobias Schoenherr, Stephan M. Wagner, Mamata Jenamani. Q-TAM: A Quality Technology Acceptance Model for Predicting Organizational Buyers' Continuance Intentions for E – Procurement Services [J]. International Journal of Production Economics (2019), doi: 10. 1016/ j. ijpe. 2019. 06. 003.

[114] O. Isaac, Z. Abdullah, A. H. Aldholay, A. A. Ameen. Antecedents and outcomes of internet usage within organisations in Yemen: An extension of the Unified Theory of Acceptance and Use of Technology (UTAUT) model [J]. Asia Pacific Management Review, 2019, online.

[115] O. K. Hussain, T. S. Dillon, F. K. Hussain, and E. J. Chang. Risk Assessment & Management in the Networked Economy, Chapter 6 [M] Springer: Verlag Berlin Heidelberg, 2013: 151 – 185.

[116] Philipp Riffel, Raghuram K Rao, Stefan Haneder, Mathias Meyer, Stefan O Schoenberg, Henrik J Michaely. Impact of field strength and RF excitation on abdominal diffusion – weighted magnetic resonance imaging [J]. World Journal of Radiology, 2013 (9): 334 – 344.

[117] Rana Tassabehjia, Mumtaz A. Kamalab. Evaluating biometrics for online banking: The case for usability [J]. International Journal of Information Management, 2012, 32 (5): 489 – 494.

[118] S. Afshan, A. Sharif. Acceptance of mobile banking framework in Pakistan [J]. Telematics and Informatics, 2016, 33 (2): 370 – 387.

[119] S. Laforet. The China Information Technology Handbook (P. O. de Pablos, M. D. Lytras (eds.)), Chapter 3: Chinese Consumers' Attitudes

and Adoption of Online and Mobile Banking [M]. Springer Science & Business Media, 2009: 23 – 40.

[120] Tamer Khraisha, Keren Arthur. Can we have a general theory of financial innovation processes? A conceptual review [J]. Financial Innovation, 2018, 4 (4): 1 – 27.

[121] Thomas Puschmann. Fintech [J]. Business & Information Systems Engineering, 2017, 59 (1): 69 – 76.

[122] T. Laukkanen. Internet vs mobile banking: comparing customer value perceptions [J]. Business Process Management Journal, 2007, 13 (6): 788 – 797.

[123] V. Venkatesh, F. D. Davis. Theoretical extension of the Technology Acceptance Model: Four longitudinal field studies [J]. Management Science, 2000, 46 (2): 186 – 204.

[124] Xin Luo, Han Li, Jie Zhang, J. P. Shim. Examining multi – dimensional trust and multi-faceted risk in initial acceptance of emerging technologies: An empirical study of mobile banking services [J]. Decision Support Systems, 2010, 49 (2): 222 – 234.

[125] Yong – Ki Lee, Jong – Hyun Park, Namho Chung, Alisha Blakeney. A unified perspective on the factors influencing usage intention toward mobile financial services [J]. Journal of Business Research, 2012, 65 (11): 1590 – 1599.

[126] Y. M. Cheng. Exploring the intention to use mobile learning: The moderating role of personal innovativeness [J]. Journal of Systems and Information Technology, 2015, 16 (1): 40 – 61.

[127] Z. Kalinic, V. Marinkovic, S. Molinillo, F. L. Cabanillas. A multi-analytical approach to peer-to-peer mobile payment acceptance prediction [J]. Journal of Retailing and Consumer Services, 2019 (49): 143 – 153.

移动金融支付风险模型及评价机制